T0402119

Werner Böhnke / Bernd Rolfes (Hrsg.)

Die Banken in ihrer größten Krise – Wie geht es weiter?

Schriftenreihe des

european
center
for financial
services

begründet und herausgegeben von
Werner Böhnke
Prof. Dr. Bernd Rolfes

Werner Böhnke
Bernd Rolfes (Hrsg.)

Die Banken in ihrer größten Krise – Wie geht es weiter?

Beiträge des Duisburger
Banken-Symposiums

Mit Beiträgen von:
Dr. Reiner Brüggestrat, Ralf Fleischer,
Uwe Fröhlich, Dr. Claus Nolting,
Prof. Dr. Stephan Schüller,
Prof. Dr. Dr. h. c. mult. Hans Tietmeyer

GABLER

Bibliografische Information der Deutschen Nationalbibliothek
Die Deutsche Nationalbibliothek verzeichnet diese Publikation in der
Deutschen Nationalbibliografie; detaillierte bibliografische Daten sind im Internet über
<http://dnb.d-nb.de> abrufbar.

Werner Böhnke ist Vorstandsvorsitzender der WGZ BANK in Düsseldorf und Präsident des european center for financial services (ecfs).

Prof. Dr. Bernd Rolfes ist Inhaber des Lehrstuhls für Banken und Betriebliche Finanzwirtschaft an der Mercator School of Management (MSM) der Universität Duisburg-Essen, Campus Duisburg, sowie Gesellschafter des Zentrums für ertragsorientiertes Bankmanagement (zeb).

1. Auflage 2012

Alle Rechte vorbehalten
© Gabler Verlag | Springer Fachmedien Wiesbaden GmbH 2012

Lektorat: Susanne Kramer

Gabler Verlag ist eine Marke von Springer Fachmedien.
Springer Fachmedien ist Teil der Fachverlagsgruppe Springer Science+Business Media.
www.gabler.de

Umschlaggestaltung: KünkelLopka Medienentwicklung, Heidelberg
Gedruckt auf säurefreiem und chlorfrei gebleichtem Papier

ISBN 978-3-8349-3383-6

Der Finanzsektor befindet sich in einer tiefen Krise, deren Konsequenzen auch nach über zwei Jahren noch nicht endgültig absehbar erscheinen. Seit Mitte des Jahres 2007 ging es nicht nur an den Börsen auf und ab, sondern es entstand weltweit eine fundamentale Vertrauenskrise zwischen den Banken, die ohne Eingreifen der Zentralbanken zu einem Austrocknen der Geldmärkte und erheblichen Liquiditätsengpässen geführt hätte. Noch immer erreichen uns fast täglich neue Nachrichten und in Politik sowie Öffentlichkeit wird über Fehler und Verantwortung, aber auch über Lösungen und Innovationen diskutiert. So wurde durch die Forschungsarbeit des ecfs - vor allen anderen - im Sommer 2009 ein entscheidender, die Entstehung der Finanzkrise begünstigender Marktdefekt aufgezeigt und die Einführung eines globalen Risikofonds für systemrelevante Banken zur Abwehr von staatlich zu heilenden Finanzkrisen vorgeschlagen.

Mit der Krise auf der einen Seite geht der unverändert hart geführte Konditionenwettbewerb auf der anderen Seite unvermindert weiter. Deutsche Banken stehen dabei nicht nur untereinander in harter Konkurrenz, auch ausländische Wettbewerber haben den heimischen Markt verstärkt im Visier. Die Internationalisierung verschärft zudem den Ertrags- und Konsolidierungsdruck. Vor den voranschreitenden Veränderungen in den Märkten und Wertschöpfungsketten wurden bislang die Augen noch vielfach verschlossen. Die zukünftige Rollenverteilung im Bankgeschäft sowie die zu beschreitenden Wege werden sowohl zwischen den als auch innerhalb der Bankengruppen höchst kontrovers diskutiert.

Der vorliegende zwölfte Band der ecfs-Schriftenreihe will Anreger und Begleiter von Ideen und Lösungsansätzen sein, die der deutschen Bankindustrie Perspektiven aufzeigen. Als Garant für eine mehrdimensionale Sichtweise wurden die Beiträge von namhaften und qualifizierten Vertretern aus Politik, Praxis und Wissenschaft bereitgestellt. Die im Rahmen dieser Schrift publizierten Beiträge basieren auf den Vorträgen der Referenten des 13. Duisburger Banken-Symposiums, das am 16. und 17. September 2009 durch das ecfs ausgerichtet wurde.

Wie in den Jahren zuvor folgten zahlreiche hochkarätige Experten aus Wissenschaft und Praxis dem Ruf nach Duisburg und zeigten sich durch ihr außerordentliches Engagement maßgeblich für den Erfolg dieser Fachveranstaltung verantwortlich. Ihnen gebührt daher unser besonderer Dank. Daneben danken wir nicht minder den zahlreichen Teilnehmern des Symposiums – vor allem Vorstandsmitglieder von Banken und Sparkassen sowie leitende Angestellte aus unterschiedlichsten Ressorts – deren Zuspruch und ambitionierte Diskussion den intensiven Wissensaustausch enorm befördern und zugleich verdeutlichen, wie aktuell und brisant dieses Thema ist. Weiterer Dank gilt den Mitarbeitern des Fachgebietes Banken und Betriebliche Finanzwirtschaft, die mit großem persönlichen Einsatz auch in diesem Jahr zu

dem äußerst erfolgreichen Gelingen der Veranstaltung beigetragen haben. Für die Aufberei-
tung der Beiträge und die organisatorische Gesamtkoordination gebührt Herrn Dipl.-Kfm. Björn
Hielscher sowie Herrn Dipl.-Ök. Robert Kothieringer unser besonderer Dank.

Werner Böhnke

Prof. Dr. Bernd Rolfes

INHALTSÜBERSICHT

AUTORENVERZEICHNIS

DR. REINER BRÜGGESTRAT
  Vorstandssprecher
  Hamburger Volksbank

RALF FLEISCHER
  Geschäftsführer
  Rheinischer Sparkassen- und Giroverband

UWE FRÖHLICH
  Präsident
  Bundesverband der Deutschen Volksbanken und Raiffeisenbanken

DR. CLAUS NOLTING
  Vorsitzender des Vorstandes
  Corealcredit Bank AG

PROF. DR. STEPHAN SCHÜLLER
  Sprecher der persönlich haftenden Gesellschafter
  Bankhaus Lampe KG

PROF. DR. DR. H. C. MULT. HANS TIETMEYER
  Präsident i. R.
  Deutsche Bundesbank

Abbildungsverzeichnis

AG	Aktiengesellschaft
BaFin	Bundesanstalt für Finanzdienstleistungsaufsicht
BdB	Bundesverband deutscher Banken
Bio.	Billionen
BIP	Bruttoinlandsprodukt
BIS	Bank for International Settlements
BVK	Bundesverband deutsche Kapitalbeteiligungsgesellschaften
BVR	Bundesverband der deutschen Volksbanken und Raiffeisenbanken e. V.
bzw.	beziehungsweise
CDU	Christlich Demokratische Union
DDR	Deutsche Demokratische Republik
DIHK	Deutscher Industrie- und Handelskammertag
Dipl.-Kfm.	Diplom-Kaufmann
Dipl.-Ök.	Diplom-Ökonom
DM	Deutsche Mark
Dr.	Doktor
ecfs	European center for financial services
ECU	European Currency Unit
EK-Quote	Eigenkapital-Quote
ESZB	Europäisches System der Zentralbanken
etc.	et cetera
EU	Europäische Union
EWG	Europäische Wirtschaftsgemeinschaft

EWS	Europäisches Währungssystem
EWU	Europäische Währungsunion
EZB	Europäische Zentralbank
Fed	Federal Reserve System
FSF	Financial Stability Forum
FDIC	Federal Deposit Insurance Corporation
ggf.	gegebenenfalls
h. c. mult.	honoris causa multiplex
HJ	Halbjahr
Hrsg.	Herausgeber
IFRS	International Financial Reporting Standards
i. H. v.	in Höhe von
i. R.	im Ruhestand
IT	Informationstechnologie
IWF	Internationaler Währungsfonds
KG	Kommanditgesellschaft
KWG	Gesetz über das Kreditwesen
LB	Landesbank
M & A	Mergers and Acquisitions
MaRisk	Mindestanforderungen an das Risikomanagement
Mrd.	Milliarden
MSM	Mercator School of Management
PPP-Projekt	Public Private Partnership-Projekt
Prof.	Professor
rd.	rund

RoE	Return on Equity
SoFFin	Sonderfonds für Finanzmarktstabilisierung
sog.	sogenannt(e/es/er)
TARP	Troubled Asset Relief Program
UDSSR	Union der Sozialistischen Sowjetrepubliken
USA	United States of America
vgl.	vergleiche
z. B.	zum Beispiel
z. T.	zum Teil

Von der D-Mark zum Euro – 60 Jahre Währungsstabilität

PROF. DR. DR. H.C. MULT. HANS TIETMEYER

Präsident i.R.
Deutsche Bundesbank, Frankfurt am Main

I.   Kein Land in Europa hat im letzten Jahrhundert so schlimme Erfahrungen mit der Inflation gemacht wie Deutschland.

- Die 1873 nach der Reichsgründung eingeführte Mark ging in den Wirren der Hyperinflation von 1923 unter.

- Die nachfolgende Renten- bzw. Reichsmark endete 1948 katastrophal aufgrund der inflatorischen Hinterlassenschaft der Hitler'schen Kriegsfinanzierung.

- In diesem Jahr können wir nun 60 Jahre Währungsstabilität in Deutschland feiern und dabei sogar vier stabilitätsrelevante Geburtstage begehen.

- Am 1. März 1948 gründeten die westlichen Alliierten in Frankfurt die Bank deutscher Länder als Vorgänger der späteren Deutschen Bundesbank.

- Am 20. Juni 1948 wurde dann - vor allem unter amerikanischer Führung - die DM als neue Währung eingeführt. Es war ein Schritt, den Ludwig Erhard mit seiner einsamen Entscheidung über die Preisfreigabe zum sofortigen Eintritt in die Marktwirtschaft nutzte.

- Gut 50 Jahre später ging dann am Jahresende 1998 die weltweit geachtete DM zusammen mit zunächst zehn anderen europäischen Währungen auf in die nach langen und oft auch schwierigen Verhandlungen zustande gekommene neue gemeinsame Währung, den Euro. Eine Währung, die - anders als von vielen Kritikern gerade auch in Deutschland erwartet - inzwischen weitgehend die Stabilitätstradition der DM übernommen hat.

- Auch der Euro selbst kann in diesem Jahr bereits seine ersten runden Geburtstage feiern:

- Am 1. Juni 1998 wurde in der Frankfurter Alten Oper bereits mit großer Beteiligung der 10. Gründungstag der Europäischen Zentralbank gefeiert.

- Am Jahresende können dann auch die ersten 10 Jahre des Euro selbst gefeiert werden, auch wenn der Noten- und Münzenumtausch erst 2001 stattfand.

Diese Kumulation der Geburtstage ist für mich der Anlass, um über 60 Jahre Währungsstabilität zu schreiben.

Neben einem kurzen Rückblick auf die Geschichte der DM und die lange Vorgeschichte des Euro möchte ich dann eine kurze Zwischenbilanz ziehen und abschließend auch auf einige der noch vor uns liegenden Herausforderungen sowie die Bedeutung einer dauerhaften Währungsstabilität eingehen.

II.   Der Rückblick auf das Jahr 1948 zeigt deutlich, dass der Übergang von der Reichsmark zur DM vor allem eine Entscheidung der amerikanischen Besatzungsbehörden war.

Schon 1946 hatten die deutschstämmigen US-Ökonomen Colm und Goldsmith zusammen mit dem Finanzberater der amerikanischen Militärregierung Dodge den ersten Plan entwickelt. Der CDG-Plan blieb jedoch zunächst in der Schublade.

Erst als gegen Ende 1947 in London die Bemühungen um eine gemeinsame Politik aller vier Besatzungsmächte für das Nachkriegsdeutschland scheiterten, drängten vor allem die amerikanische und die britische Seite auf eine baldige Lösung der Währungsfrage. Wohl wurden später auch deutsche Experten noch hinzugezogen. Der sog. Homburger Plan und auch das Konklave von Rothwesten spielten jedoch bei der Entscheidung selbst letztlich nur eine geringe Rolle. Einflussreich für die Operation "Bird Dog" war vor allem der junge, leider später in den USA verunglückte Ökonom und US-Leutnant Edward E. Tennenbaum.

Übrigens ging es im Frühjahr 1948 auch schon um den Standort für die neue Zentralbank, die damalige Bank deutscher Länder. Während die britische Seite Hamburg bzw. das Rheinland (Düsseldorf oder Köln) bevorzugten, setzten die Amerikaner Frankfurt durch, das ja auch zu ihrer Besatzungszone gehörte. Und diese Entscheidung war für die spätere Entwicklung Frankfurts von zentraler Bedeutung. Es ist heute das dominierende Finanzzentrum in Deutschland und ist - vor allem dank Helmut Kohl - seit 1998 auch Sitz der EZB und des Euro-Systems.

Entscheidend für den ökonomischen Erfolg der Währungsreform am 20.Juni 1948 war jedoch zweifellos die von Ludwig Erhard am gleichen Tag getroffene einsame Entscheidung für die sofortige und weitgehende Freigabe der Preise.

Das wenige Tage zuvor, nach heftiger und kontroverser Debatte, mit knapper Mehrheit vom vorläufigen Parlament des Vereinigten Wirtschaftsgebietes verabschiedete sog. Leitsätze-Gesetz war von den Besatzungsbehörden noch nicht einmal in Kraft gesetzt. Und selbst die Befürworter des Gesetzes waren zumeist nur von einer allmählichen Nutzung der Freigabe-Möglichkeit ausgegangen.

Aber Ludwig Erhard nutzte in persönlicher Verantwortung die Chance mutig und gab mit einem Schlag die Preise weitgehend frei. Bei der folgenden Vorladung konnte er zwar auch den damaligen amerikanischen Militärgouverneur Lucius D. Clay nicht wirklich überzeugen; er erreichte aber zumindest eine Duldung. Und das war letztlich entscheidend für den erfolgreichen Beginn der Sozialen Marktwirtschaft im westlichen Nachkriegsdeutschland.

Wohl gab es in den Folgejahren zunächst noch viele Rückschläge und öffentliche Proteste sowie auch Konflikte innerhalb der neuen Bundesregierung unter Konrad Adenauer. Die CDU hatte zwar 1949 mit den Düsseldorfer Leitsätzen das sog. Ahlener Programm von 1947 geändert. Aber bei den konkreten politischen Entscheidungen gab es immer wieder auch partei-

und regierungsinterne Kontroversen. Vor und bei der Bundestags-Wahl 1953 fand der neue Kurs der Wirtschaftspolitik jedoch letztlich weitgehende Zustimmung.

Auch als Bundeswirtschaftsminister in Bonn war Erhard immer ein Anwalt der Marktwirtschaft und der Währungsstabilität, der regierungsinterne Kontroversen nicht scheute. Für den Währungsbereich wurde das insbesondere bei zwei Vorgängen sehr deutlich:

1. Als 1951 das Besatzungsstatut, dem auch die 1948 gegründete Bank deutscher Länder unterstand, abgeschafft wurde, stellte sich auch die Frage, ob die Zentralbank nicht einer politischen Aufsicht unterstellt werden sollte. Der damalige Bundesfinanzminister Fritz Schäffer forderte - mit Zustimmung von Konrad Adenauer - eine Unterstellung unter einen politischen Ausschuss.

Ludwig Erhard war strikt dagegen und setzte in dem über mehrere Jahre hin im Bundestag beratenen Gesetzentwurf über die Errichtung der Bundesbank deren Unabhängigkeit von der Tagespolitik durch. Zugleich verteidigte er die Bundesbankpolitik gegen die Attacken von Konrad Adenauer. Für die deutsche und später auch für die europäische Währungspolitik war dies eine entscheidende Weichenstellung.

2. Als nach dem Übergang zur freien Konvertibilität 1958 die DM immer stärker und die nach dem Bretton-Woods-System erforderlichen Deviseninterventionen immer mehr Liquiditätsschöpfung und damit Inflation verursachten, setzte Erhard 1961 gegen Konrad Adenauer und damals auch gegen den überwiegenden Teil der Industrie und der Banken die erste DM-Aufwertung durch - übrigens ein ähnlicher Vorgang, wie er sich nach 1969 auch zwischen Karl Schiller und Helmut Schmidt abspielte. Das Thema des Vorrangs von interner Preisstabilität gegenüber der Wechselkursstabilität spielt auch heute beim Euro gelegentlich wieder eine Rolle, wobei allerdings wichtig ist, dass für die EZB der Vorrang des Ziels der internen Preisstabilität auf deutschen Druck hin - im Maastricht - Vertrag festgelegt worden ist.

In den 60er, 70er und 80er Jahren gab es zwar auch in der Bundesrepublik immer wieder Inflationsgefahren, teils von außen - wie nach der ersten Ölpreis-Explosion - , teils aber auch von innen - infolge von expansiven Lohn- , Budget- und Sozialabgabenentwicklungen. Dennoch entwickelte sich die DM - auch dank der Politik der Bundesbank - neben dem Schweizer Franken immer mehr zu einer der stabilsten Währungen der Welt.

Aus dem "Besatzungskind" wurde - wie der Journalist Hans Roeper es einmal formuliert hat - so schon bald ein " Weltstar". Nicht nur ihr Außenwert stieg immer deutlicher, auch ihre Attraktivität als Handels-, Anlage- und Reservewährung wuchs. Als Reservewährung überholte sie schon in den 60er Jahren das britische Pfund und wurde zunehmend auch zum Gegenpol für den Dollar. Und in Europa entwickelte sie sich in den 70er und 80er Jahren immer deutlicher zur stärksten und attraktivsten Währung.

Das zeigte sich natürlich auch innerhalb des damals immer deutlicher geteilten Deutschlands, wobei diese Teilung tragischerweise 1948 de facto auch durch die Einführung der DM in Westdeutschland und Berlin-West verschärft worden war, wie die unmittelbar folgende Berlin-

Blockade und die Bemühungen um eine eigene Wirtschaftsordnung mit eigener Währung in Ostdeutschland zeigten.

Die sowjetische Besatzungsmacht hatte schon am 21. Mai 1948 in ihrer Zone die Deutsche Emissions- und Girobank gegründet, die dann 1968 in die Staatsbank der DDR umgewandelt wurde. Aber die von diesen Banken ausgegebene Deutsche Mark bzw. Mark der DDR hat weder intern noch extern je einen Status wie die DM erlangen können. Sie blieben Währungen von unter- und nachgeordneter Bedeutung.

Und als 1989 in der DDR die Protestdemonstrationen begannen, kam es schon bald auch zum Ruf nach der DM. Sie wurde in Ostdeutschland zunehmend als Symbol der Freiheit und des westlichen Wohlstandes angesehen. Und so war es auch nicht verwunderlich, dass bei den Demonstrationen auch schon bald die Forderung aufkam" Kommt die DM, bleiben wir, kommt sie nicht, gehen wir zu ihr".

Auf die nach den Märzwahlen 1990 begonnenen komplizierten Verhandlungen über die Währungs-, Wirtschafts- und Sozialunion kann ich jetzt nicht im Detail eingehen, obwohl ich daran auch persönlich beteiligt war und darüber auch publiziert habe. Aber soviel ist sicher: Ohne die Attraktivität der DM hätte der politische Einigungsprozess sicher länger gedauert.

Mit der Übertragung der DM schon am 1. Juli 1990 und der Ausdehnung der Bundesbankzuständigkeit auf die damals noch existierende DDR wurde unweigerlich auch die rasche politische Wiedervereinigung eingeleitet. Und gleichzeitig wurde damit auch die geradezu tragische ökonomische Trennung beider Teile nach der Währungsreform 1948 überwunden und im Herbst 1990 auch politisch beendet. Zeitlich koinzidierte dieser beginnende Wiedervereinigungsprozess mit einem Neuanfang der Verhandlungen über eine Währungs-Union in Europa. Und diesen europäischen Verhandlungen waren ja schon früher viele Bemühungen vorausgegangen, die leider nur z.T. erfolgreich waren. Auf die lange Vorgeschichte kann ich jetzt nicht im Detail eingehen, aber ich will einige Weichenstellungen kurz andeuten.

Nachdem der EWG-Vertrag von 1957 das Thema Währungspolitik wegen des damals weltweit geltenden und insgesamt noch funktionierenden Fixkurssystems von Bretton-Woods (mit dem an einen Goldpreis gebundenen Dollar als Mittelpunkt) weitgehend ausgeklammert hatten, kam es in den 60er Jahren zu zunehmenden Spannungen zwischen den Währungen auch in der EWG. Die DM und der holländische Gulden wurden gegenüber den anderen Währungen immer stärker. Und die Höherbewertungen beider Währungen führten in der sich entwickelnden Zollunion sowie im gemeinsamen Agrarsystem zunehmend zu Unsicherheiten und Konflikten.

Vor diesem Hintergrund kam man auf der Gipfelkonferenz in Den Haag im Herbst 1969 überein, neben der angestrebten Erweiterung der Sechsergemeinschaft auch eine Vertiefung in Richtung einer Wirtschafts- und Währungsunion zu prüfen. Die daraufhin eingesetzte sog. Wemer-Gruppe (in der ich auch persönlich mitgearbeitet habe) legte schon 1971 einen Plan vor, der den stufenmäßigen Aufbau einer Wirtschafts- und Währungsunion mit eigener Zentralbank und Währung vorsah.

Der Plan scheiterte jedoch am Widerspruch Frankreichs. Vor allem das französische Parlament konnte sich damals noch nicht mit einer supranationalen und dazu noch politisch unabhängigen Zentralbank abfinden. So kam es zunächst nur zu einer lockeren wechselkurspolitischen Zusammenarbeit (dem sog. Schlangen-System), aber ohne konkrete weitergehende Bindungen in Richtung einer Währungsunion.

Helmut Schmidt und Giscard d'Estaing haben zwar 1978 eine Formalisierung dieser bis dahin informellen Wechselkurskooperation im sog. Europäischen Währungssystem (EWS) durchgesetzt. Die von ihnen angestrebte weitergehende Bindung und ECU-Orientierung der nationalen Zentralbanken scheiterte jedoch am Widerspruch in Deutschland selbst. Denn diese Lösung hätte zwar eine weitergehende Einbindung der Deutschen Bundesbank sowie eine Bindung ihrer Politik am gewogenen Durchschnittskurs aller beteiligten europäischen Währungen gebracht, nicht aber eine Währungsunion mit gemeinsamer Zentralbank und eigenständiger Währung.

Zu einer währungspolitischen Wende in Europa kam es erst in den 80er Jahren, als der neue französische Finanzminister Jacques Delors sich zunächst nur für eine stärker stabilitätsorientierte Politik in Frankreich selbst einsetzte und später als Kommissionspräsident in Brüssel auch für eine supranationale Struktur plädierte. Zwar wollte er in der sog. Einheitlichen Europäischen Akte zunächst nur das Ziel Wirtschafts- und Währungsunion festlegen, die Konkretisierung jedoch dem Ministerrat später überlassen. Vor dem entscheidenden Gipfeltreffen 1985 in Luxemburg konnte ich den Bundeskanzler jedoch überzeugen, dass die für eine Währungsunion mit einheitlicher Währung notwendige institutionelle Weiterentwicklung nur durch einen neuen, ratifizierungsbedürftigen Vertrag hinreichend abgesichert werden könne.

Über die mögliche Konstruktion der künftigen Wirtschafts- und Währungsunion wurde nach dem Hannover-Gipfel 1988 dann zunächst - ähnlich wie 20 Jahre zuvor in der Werner-Gruppe - wieder in einer informellen Beratungsgruppe, die sich unter dem Vorsitz von Delors vor allem aus den Präsidenten der nationalen Zentralbanken zusammensetzte, diskutiert. Und diese sog. Delors-Gruppe legte dann im Sommer 1989 ihren Bericht vor, wenige Monate vor dem Fall der Mauer in Berlin.

Die dadurch entstandene zeitliche Koinzidenz mit den innerdeutschen Entwicklungen hat den Entscheidungsprozess auch in Europa sicherlich beschleunigt. Die später gelegentlich zu hörende polemische These des "Verkaufs der DM für die Zustimmung zur Wiedervereinigung" halte ich jedoch nach wie vor für falsch. Bundeskanzler Helmut Kohl hat zu Recht die damalige deutsche Politik mit den zwei Seiten einer Medaille charakterisiert: die deutsche Wiedervereinigung einerseits und die europäische Integration andererseits. Im Übrigen hing die deutsche Wiedervereinigung damals sicher noch mehr von den beiden großen Mächten (USA und UDSSR) als von der Zustimmung der Europäer ab.

Der dann 1991 vor allem von den Finanzministern in enger Kooperation mit den Zentralbanken ausgehandelte Vertrag von Maastricht hat zumindest für den Währungsbereich selbst und die Auswahl der in der Endstufe teilnehmenden Länder die wesentlichen Eckpunkte und Verfahren deutlich festgelegt. Und dazu gehört insbesondere auch das Statut des ESZB (Europäisches System der Zentralbanken) und der EZB, das - wie die meisten anderen Vorschriften - nur noch durch eine einstimmige Vertragsrevision geändert werden kann.

In Deutschland wurde dieses Vertragswerk damals allerdings - insbesondere von vielen Ökonomen - zunächst nur sehr reserviert angenommen. Von manchen wurde es sogar als Absage an die Geldwertstabilität eingeordnet, und einige scheuten ja auch den Weg zum Bundesverfassungsgericht nicht - allerdings ohne Erfolg.

Gewiss, der Vertrag enthält sicher auch einige Weichstellen: von der nicht sehr effizienten Überwachung der nationalen Fiskaldisziplin bis hin zur nicht hinreichenden Klärung der Verantwortung für die Sicherung der Wettbewerbsfähigkeit der einzelnen Volkswirtschaften. Teilweise ist hier später nachgeliefert worden, z. B. durch den Stabilitäts- und Wachstumspakt und seine zwischenzeitliche Weiterentwicklung. Aber es sind hier bis heute auch noch manche Fragen offen.

Im Kernbereich der Geld- und Währungspolitik hat der Vertrag die Weichen jedoch nach meinem Urteil richtig und eindeutig gestellt, von der politischen Unabhängigkeit des ESZB über das primäre Stabilitätsmandat bis hin zur Abgrenzung der Aufgaben. Das haben auch die ersten zehn Jahre der Währungsunion deutlich gezeigt.

Wohl gab es in den 90er Jahren im Vorfeld der Währungsunion zunächst noch einige krisenhafte Zuspitzungen an den Währungsmärkten in Europa. Die folgenden Neuorientierungen der politischen Prioritäten in einigen Ländern und die detaillierten Vorarbeiten der Zentralbanken haben jedoch den Boden bereitet für den endgültigen Start am 1. Januar 1999, jenem historischen Datum, an dem die DM zusammen mit den anderen 10 (heute schon 14) nationalen Währungen eingemündet sind in den gemeinsamen Euro.

III.   **Heute, nach fast 10 Jahren Erfahrungen mit dem Euro ist zwar - den Umfragen zufolge - ein erstaunlich großer Teil der deutschen Bevölkerung noch immer skeptisch und teilweise sogar noch traurig.**

Dies hängt teilweise sicher auch mit dem Beginn und dem Aufstieg der DM zusammen, die für viele verständlicherweise ein Mythos geworden war. So ist es auch nicht überraschend, dass wir derzeit in Teilen der deutschen Öffentlichkeit geradezu eine DM-Nostalgie erleben.

Die DM war - und ist es für viele immer noch - das Symbol für den Wiederaufstieg nach dem Krieg und der Zerstörung. Und diese Rolle kann der Euro nun einmal nicht übernehmen.

Ihm hängt vielmehr noch immer das sog. "Teuro"-Etikett an, hinter dem sich sehr Unterschiedliches und leider auch viele Missverständnisse verbergen. Wohl hat es bei der Umstellung leider auch manche ungerechtfertigte Preisanhebung gegeben, wie allerdings in den ersten DM-Monaten auch. Aber der eigentliche Kern der Kritik liegt nach dem Urteil der Experten vor allem bei der sogenannten "gefühlten Inflation", eine Inflation, die sich von den anhand von repräsentativen Warenkörben statistisch korrekt gemessenen Inflationsraten unterscheidet. Hinzu kommen in letzter Zeit auch die starken weltweiten Preisanstiege bei einer Reihe von Rohstoff- und Nahrungsmittelpreisen, die mit dem Euro unmittelbar nichts zu tun haben und die selbst ein nach außen starker Euro nicht vollständig abwehren kann.

Während die statistisch gemessene Inflation in den ersten 9 Jahren im Euro-Gebiet mit durchschnittlich etwa 2,1 % sogar noch unter dem fünfzigjährigen Durchschnitt der DM lag, hat sich der Preisanstieg in den letzten 12 Monaten wieder sehr deutlich auf jetzt über 3% beschleunigt. Die Ursachen hierfür liegen prioritär an den internationalen Märkten. Aber auch im Euro-Gebiet selbst zeigen sich inzwischen zunehmend Sekundäreffekte aufgrund von Fehlentwicklungen bei den Arbeitskosten, Abgaben und Regulierungen. Die EZB ist dafür jedoch sicherlich nicht primär verantwortlich. Dennoch dürfen die hier lauernden Gefahren einer Eskalation nicht unterschätzt werden.

Insgesamt hat der Euro jedoch unzweifelhaft in der letzten Dekade wesentlich zur Stabilität im Euro-Gebiet beigetragen. Und er wird heute weltweit als eine der stabilsten Währungen angesehen.

Zudem hat auch die EZB inzwischen international eine hervorragende Stabilitätsreputation gewonnen und damit auch das Erbe der Deutschen Bundesbank weitergeführt. Ob es auch längerfristig zutrifft, wie es vor kurzem in der Süddeutschen Zeitung hieß, dass die "EZB erfolgreich, aber ungeliebt" sei (31.5.08), bleibt natürlich noch abzuwarten. Aber hier geht es auch nicht um Liebe, sondern um Anerkennung und Vertrauen. Und dieses hat die EZB inzwischen zweifellos gewonnen, auch wenn ihre Entscheidungen insbesondere an den kurzfristig orientierten Finanzmärkten nicht immer "geliebt" werden. Aber auch hier steht sie in der Tradition der Deutschen Bundesbank.

- Wichtiger als Liebe und Anerkennung sind in der Währungspolitik jedoch die Fakten; und die sprechen bisher eindeutig für das Euro-System und den Euro.

- Der Euro ist heute nach dem Dollar nicht nur eindeutig die zweitgrößte Währung der Welt: Beim Bargeld hat er den Dollar bereits überholt.

An den Anleihemärkten liegt er zumeist nur noch wenig hinter dem Dollar.

- Und auch als Reservewährung reduziert sich sein Rückstand zum Dollar immer mehr.

- Als Fakturierungswährung an den Grundstoffmärkten spielt allerdings bisher der Dollar noch immer die zentrale Rolle. Eine Tatsache, die zumindest derzeit die dortigen Preisanstiege für das Euro-Gebiet noch eher mindert.

Gemessen an seinem Außenwert hat der Euro gegenüber dem Dollar seit 1999 über 47% und gegenüber dem Durchschnitt der anderen 42 Währungen rd. 18% zugenommen. Nicht von ungefähr wird seit einiger Zeit weltweit zwischen Ökonomen sogar schon darüber diskutiert, ob und wann der Euro den Dollar als bisher dominante Währung ablösen wird, eine Diskussion, die derzeit noch mehr auf Spekulationen als auf Tatsachen baut.

Im Übrigen war und ist es nicht das Ziel der Währungsunion in Europa, den Euro zur dominanten Weltwährung zu machen. Wichtig ist vor allem, dass der Euro seine innere Stabilität behält und dass die derzeitigen Stabilitätsgefahren nachhaltig abgewehrt und die bisherigen Stabilitätserwartungen erhalten bleiben.

Die EZB und das Euro-System haben in den vergangenen Jahren die Stabilitäts-Erwartungen im Euro-Gebiet weitgehend bei rund 2% jährlichem Anstieg der Verbraucherpreise verankern können. Ein Wert, der selbst für die DM in den Jahrzehnten zuvor nur zeitweise erreicht werden konnte. Und was ebenso wichtig ist: die EZB und das Euro-System haben sich bisher zumeist nicht gescheut, zu handeln, wenn es für notwendig gehalten wurde.

Besonders erstaunlich war und ist dabei - auch für mich persönlich -, wie sehr sich die aus unterschiedlichen Traditionen und nationalen Umfeldern kommenden Entscheidungsträger in den EZBS- Gremien der gemeinsamen Aufgabe gegenüber dem Euro bewusst sind. Und ich hoffe sehr, dass es auch in Zukunft bei dieser dominierenden Orientierung an der gemeinsamen Aufgabe für einen dauerhaft stabilen Euro bleibt.

IV. **Gerade in der gegenwärtigen schwierigen Lage der Weltwirtschaft und des Finanzwesens ist dies von besonderer Bedeutung.**

Infolge

- der lange Zeit zu expansiven monetären Politik der USA mit den Fehlentwicklungen an den dortigen Hypotheken-Märkten,

- der gleichzeitigen übermäßigen Multiplizierung und Verbriefung von Aktivitäten an den internationalen Finanzmärkten,

- und der damit verbundenen Risikoanhäufung, die vielfach selbst vom Management großer Finanzinstitute nicht genügend überschaut und kontrolliert wurden,

ist es seit Sommer 2007 zu einer schwerwiegenden internationalen Finanzkrise gekommen, deren endgültige Wirkungen auch jetzt noch nicht absehbar sind.

Neben verstärkten Anstrengungen in den Banken und Finanzinstituten selbst geht es auch um Weiterentwicklungen in verschiedenen Bereichen der Finanz- und Bankenaufsicht. Das auf meinen Vorschlag hin bereits 1999 gegründete internationale Finanz-Stabilitäts-Forum (FSF) hat inzwischen einen wichtigen Katalog von Verbesserungen vorgeschlagen, die auch von den G8-Finanzministern nachdrücklich unterstützt werden. Eine Reihe von Vorschlägen befindet sich bereits in der Umsetzung.

Daneben geht es aber vor allem um den weiteren Kurs der Geldpolitik der Zentralbanken. Zusätzlich zu den internen Stabilitätsrisiken in einer Reihe von wichtigen Ländern kommen seit einiger Zeit nämlich von außen noch die starken Preissteigerungen an wichtigen Weltmärkten wie Öl, Gas und Lebensmittel hinzu, in denen sich zunehmend auch die problematischen Effekte des lange anhaltenden starken Wachstums vieler Industrie- und Schwellenländer zeigen. Und angesichts der deutlichen Wachstumsabflachung in den USA werden auch wieder die Gefahren einer Stagflation, wie wir sie vor allem in den 70er Jahren erlebt haben, von vielen Ökonomen beschworen.

In diesem Umfeld ist es außerordentlich wichtig, dass insbesondere die großen Zentralbanken den richtigen Kompass nutzen und das Ruder richtig setzen. Gerade die Erfahrungen der 70er Jahre haben deutlich gezeigt, dass am Schluss vornehmlich diejenigen Länder und Ländergruppen in zunehmende Schwierigkeiten kamen, deren Zentralbanken die Inflationsgefahren vernachlässigt und eine akkommodierende Zinspolitik betrieben haben. Selbst die USA mussten Ende der 70er Jahre, als Paul Volker dort das geldpolitische Ruder herumwarf, mit erheblichen Anpassungsfolgen kämpfen, von den weltweiten Rückwirkungen z.B. in Lateinamerika und übersteigerten Dollarkursen ganz zu schweigen. Inflation bringt nämlich zumeist keine Lösung der Probleme, sie schafft nur Illusionen und verlagert die Probleme, die dann später umso stärker hervortreten. Ich hoffe, dass die Fed (Zentralbanksystem der USA) dies in ihrer heutigen Sitzung sorgfältig bedenkt.

Auch die EZB muss sich demnächst diesen Herausforderungen stellen und zukunftsorientierte Entscheidungen treffen. Denn nur die schaffen tatsächlich auch Zukunftsvertrauen - aller populistischen oder interessengebundenen Kritik zum Trotz.

Ich hoffe und wünsche, dass die EZB auch weiterhin ihrem inzwischen aufgebauten Ruf der Sachlichkeit und der Standfestigkeit und damit auch künftig dem Erbe der Bundesbank gerecht wird. Dabei geht es nicht nur um kurzfristiges Krisenmanagement - so wichtig das auch ist. Noch wichtiger sind die Weichenstellungen für die Zukunft und die noch vor uns liegenden Herausforderungen.

Und diese werden auch im Euro-Bereich besonders deswegen größer, weil die internen Divergenzen zwischen den Teilnehmerländern seit einiger Zeit wieder zunehmen. Das wird am deutlichsten in den Außenbilanzen. Während Deutschland zunehmende Handelsüberschüsse auch innerhalb des Eurogebietes ausweist, nehmen die Außendefizite von Ländern wie Spanien, Griechenland und Italien seit einiger Zeit deutlich zu.

Sicherlich hängt das auch mit der geringeren Preisabhängigkeit der vor allem auf Qualität beruhenden Wettbewerbsfähigkeit deutscher Exportprodukte zusammen, aber unbestreitbar ist ebenso, dass die Arbeitskosten innerhalb des Euro-Gebietes sich in den letzten Jahren recht unterschiedlich entwickelt haben.

Sie sind in einer Reihe von Ländern in den letzten Jahren deutlich stärker gewachsen als in Deutschland. Und nachdem diese Länder in den ersten Euro-Jahren - vor allem infolge der deutlichen Absenkung ihrer früheren nationalen Zinsen - zumeist die Gewinner waren, geraten sie jetzt mit dem noch immer relativ stabilen Euro eher ins Hintertreffen. Bei der einheitlichen Geldpolitik, wie sie für einen dauerhaft stabilen Euro notwendig ist, kann es deswegen künftig vermehrt zu Spannungen kommen, wenn nicht alle Länder stärker und nachhaltiger auf ihre Wettbewerbsfähigkeit achten.

Hier ist noch manches im Euro-Gebiet zu tun, insbesondere von den nationalen Regierungen und Parlamenten so wie von den Tarifpartnern, von vermehrten Anstrengungen im Bereich der nationalen staatlichen Steuerpolitik und Fiskaldisziplin ganz zu schweigen. Die Konvergenzkriterien müssen von allen Teilnehmerstaaten auch tatsächlich und vor allem auf Dauer erfüllt werden. Der Weg in den Euro ist nicht nur - zumindest de facto - ein Weg ohne Umkehr; er ist zugleich auch eine Verpflichtung zur Gemeinsamkeit auf Dauer.

Dies muss auch bedacht werden, wenn künftig zusätzliche Erweiterungen des Euro-Gebietes anstehen. Von den vertraglich festgelegten Ausnahmen für Großbritannien und Dänemark abgesehen hat jedes Mitgliedsland der EU grundsätzlich die Pflicht zur Teilnahme am Euro, wenn es zuvor die vertraglichen Konvergenzkriterien tatsächlich und nachhaltig erfüllt. Dieser Pflicht kann es sich natürlich durch bewusste Nichterfüllung von Einzelkriterien entziehen, wie das z.B. Schweden schon seit längerem durch die Nichtteilnahme am sog. Europäischen Wechselkursmechanismus II tut.

Insbesondere die neuen Mitgliedsländer in Mittel- und Osteuropa haben zunächst fast alle ihr großes Interesse an einem möglichst frühzeitigen Beitritt zum Euro erklärt. Einzelne Länder wie Slowenien und demnächst auch die Slowakei haben inzwischen auch die Aufnahme erreicht, doch ist das Bild der Interessierten zwischenzeitlich differenzierter geworden.

Vor allem die größeren Länder wie Polen, Tschechien und Ungarn zeigen heute größere Zurückhaltung, wenn auch zum Teil aus unterschiedlichen Gründen, wobei vor allem der tschechische Präsident Václav Klaus persönlich schon immer aus grundsätzlichen Erwägungen ein Gegner des Euros war. Dagegen drängen insbesondere die kleineren baltischen Länder auf möglichst rasche Mitgliedschaft.

Wie auch immer die Wünsche der einzelnen Länder sich weiter entwickeln, wichtig ist, dass die Erweiterung des Euro-Gebietes nicht zu schnell und auf solider Grundlage stattfindet. Jede zu rasche Erweiterung des Euro-Gebietes birgt die Gefahr größerer interner Divergenzen. Deswegen müssen vor allem die Kriterien sorgfältig angewandt und Präjudizierungen in Richtung Auflockerung vermieden werden.

Ohnehin werden die gemeinsamen ESZB-Gremien größer, wobei für das Entscheidungsgremium Governing Council schon eine sog. Rotationsregel vorgesehen ist, bei deren Anwendung nicht mehr alle Mitglieder immer auch ein Stimmrecht haben. Wie sich diese Regelung später auswirken wird, bleibt noch abzuwarten. Es ist zu hoffen, dass sie die Handlungsfähigkeit des Gremiums nicht beeinträchtigen wird.

Letztlich wird die Arbeit der Zentralbankgremien - sowohl des EZB-Boards als auch des Governing Councils - jedoch primär von den handelnden Personen abhängen. Und hier kann man sowohl den bisherigen Board-Mitgliedern besonders aber auch den beiden bisherigen Präsidenten - Wim Duisenberg und Jean Claude Trichet - sowie den Präsidenten der nationalen Zentralbanken ein besonderes Lob aussprechen.

Sie haben entscheidend dazu beigetragen, dass das Euro-System und damit der Euro weltweit große Anerkennung gefunden haben. Aber der bisherige Erfolg ist zugleich Verpflichtung für die Zukunft.

V. Über die Bedeutung der Währungsstabilität für die Wirtschaft und das soziale Miteinander in der Gesellschaft hat es schon manch kluge Aussagen gegeben.

So hat z.B. Nicolaus Oresmius, Theologieprofessor an der Sorbonne in Paris und späterer Bischof von Lisieux, schon 1355 ein Traktat über Geldabwertungen geschrieben mit dem Titel « Tractatus de Origine et Natura, Jure et Mutationibus Monetarum « . Für Oresmius waren Münzverschlechterungen immer ungerecht, weil sie willkürlich und ohne Rücksicht auf die Leistung der Betroffenen in die Einkommens- und Vermögensverteilung eingreifen und den Herrscher zum ungerechten Gewinner machen. Oresmius erkannte auch schon, dass neben all denen, die mit dem Geldgeschäft zu tun haben, oft auch diejenigen Gewinner sind, die durch "Höflinge und Freunde" von Münzverschlechterungen früher erfahren als das gemeine Volk. Und das sind stets nur wenige, während die meisten die Verlierer sind. Für ihn war die Sicherung der Münzstabilität deswegen wichtig zur Förderung des allgemeinen Wohls.

Diese Grundgedanken des Oresmius, die er dann auch weiter konkretisiert und mit Vorschlägen für die notwendigen Institutionellen Voraussetzungen ergänzt hat, sind leider in den folgenden Jahrhunderten öffentlich wenig diskutiert und kaum aufgegriffen worden.

Selbst in den päpstlichen Sozialenzykliken des letzten Jahrhunderts wurde die Bedeutung der Geldwertstabilität zunächst kaum erwähnt. In den jüngeren Enzykliken « Mater et Magistra » (1961) und « Centesimus Annus « (1991) wird jedoch wenigstens die Bedeutung einer stabilen Währung für die Funktionsfähigkeit einer marktwirtschaftlichen Ordnung positiv erwähnt.

Dagegen haben die Väter der Sozialen Marktwirtschaft wie Ludwig Erhard und Alfred Müller-Armack die zentrale Bedeutung der Geldwertstabilität für Wirtschaft und Gesellschaft immer nachdrücklich betont. Und Walter Eucken, einer der Köpfe der sog. Freiburger Schule des Ordo-Liberalismus, hat in seinen Grundsätzen der Wirtschaftspolitik sogar die These vom Primat der Währungspolitik aufgestellt, um die Geldwertstabilität dauerhaft zu sichern.

Ludwig Erhard selbst hat in seinem populärem Buch "Wohlstand für alle" hervorgehoben: "Die Soziale Marktwirtschaft ist ohne eine konsequente Politik der Preisstabilität nicht denkbar. Nur diese Politik gewährleistet auch, dass sich nicht einzelne Bevölkerungskreise zu Lasten anderer bereichern."

Das gilt auch in der Welt von heute und morgen. Denn das Geld muss gerade in der immer stärker arbeitsteilig und weltweit operierenden Wirtschaft sowie bei den Innovationen an den Finanzmärkten auch künftig seine zentralen Funktionen, - als Tauschmittel, - als zentrale Recheneinheit und natürlich - als Mittel der Wertaufbewahrung erfüllen.

Und es kann diese Funktionen nicht angemessen erfüllen ohne hinreichende und kalkulierbare Stabilität des Geldwertes. In einem inflationären Prozess sind nämlich die aktuellen Preisrelationen oft zufällig und sie geben oft falsche Signale für unternehmerische Entscheidungen.

Zudem verändert die Inflation die Einkommens- und Vermögensverteilung nicht selten willkürlich. Wohl gibt es inzwischen an den modernen Finanzmärkten vielerlei sog. Absicherungsinstrumente. Aber, - einmal abgesehen von deren tatsächlicher Effizienz - umgehen können damit zumeist nur wenige.

Wertstabiles Geld ist daher essentiell, um

- die richtigen Anreize und Signale in der Marktwirtschaft zu ermöglichen

- die wirtschaftlich Schwächeren zu schützen und

- die Leistungsfähigkeit der Wirtschaft und des Sozialstaates zu sichern.

Die letzten 60 Jahre haben - nach den bitteren Erfahrungen zuvor - diese zentrale Einsicht der Gründungsväter der Nachkriegswirtschaftordnung bestätigt.

Und diese Erkenntnis hat im Laufe der Jahrzehnte zunehmend auch in anderen Ländern inner- und außerhalb Europas Zustimmung gefunden- wenn auch in noch immer unterschiedlichem Maße.

Sie ist jedoch inzwischen eindeutige Grundlage und zugleich Orientierungsmaßstab für den Euro und die Politik der EZB geworden.

Und so wirkt auch das stabilitätspolitische Erbe der am 20. Juni 1948 in Westdeutschland eingeführten neuen Währung D-Mark fort für eine hoffentlich noch lange und gute wirtschaftliche sowie zugleich auch politische Zukunft in Europa.

Gewiss, "Geldwertstabilität allein ist nicht alles, aber ohne sie ist alles nichts", diese prononcierte Erkenntnis des in seinem Amt als Bundesminister in Bonn politisch gereiften Karl Schiller darf nicht vergessen werden - weder bei uns, noch in Europa.

Folgen der Finanzkrise – Paradigmenwechsel in der Finanzindustrie

PROF. DR. STEPHAN SCHÜLLER

Sprecher der persönlich haftenden Gesellschafter
Bankhaus Lampe KG

Die starken Verwerfungen an den Finanzmärkten weltweit, ausgelöst durch erhebliche Fehl-entwicklungen am US-amerikanischen Hypothekenmarkt,[1] haben in der Summe das gesamte Finanzsystem in seinen Grundfesten erschüttert und tiefe Spuren hinterlassen. Insbesondere der Bankensektor wurde im Zuge der Krise stark in Mitleidenschaft gezogen. Die Auswirkun-gen reichen von hohen Ergebnis- und Eigenkapitalbelastungen bis hin zu signifikanten Image-schäden und starken Vertrauensverlusten bei den Kunden. Allerdings sind verschiedene Bankentypen in Abhängigkeit von Geschäftsmodell und -poltik unterschiedlich stark von den Entwicklungen der Krise betroffen.

Infolge der Finanzkrise und der in diesem Zusammenhang zu Tage getretenen Missstände in der Finanzindustrie wird sich die Kreditwirtschaft künftig mit strengeren regulatorischen Rah-menbedingungen auseinandersetzen müssen, die sie vor wachsende Herausforderungen stel-len und die Geschäftstätigkeit erheblich beeinflussen werden. Hierbei spielen vor allem die geplanten Ausgestaltungen der Eigenkapitalvorschriften, neue Anforderungen an Vergütungs-systeme, die Ausweitung des Anlegerschutzes sowie die Ausgestaltung der Einlagensicherung eine entscheidende Rolle.

In dem aufgrund der Finanzkrise und ihrer Folgen veränderten Umfeld und der daraus er-wachsenden Herausforderungen ergibt sich für die Banken die Notwendigkeit, ihre Ge-schäftsmodelle auf den Prüfstand zu stellen. Um die Finanzkrise nachhaltig zu überwinden und Verwerfungen im erlebten Ausmaß zu vermeiden, ist ein Paradigmenwechsel, nicht nur bei den Banken, sondern auch bei anderen Marktteilnehmern, Aufsichtsorganen und der Poli-tik erforderlich.

Der folgende Beitrag beschreibt zunächst die veränderte Bankenlandschaft infolge der Finanz-krise und ihrer Auswirkungen. Dabei werden sowohl die Entwicklungen und Veränderungen mit Blick auf die gesamte Branche als auch hinsichtlich einzelner Institute und Bankengruppen beleuchtet. Darauf folgend werden im zweiten Teil die zentralen geplanten Änderungen im regulatorischen Umfeld skizziert. Abschließend werden im dritten Teil grundsätzliche Aspekte zum Wandel der Geschäftsmodelle in der Bankenindustrie vorgestellt. Hierfür werden zu-nächst Schwächen der von der Krise betroffenen Bankengruppen analysiert und anschließend Handlungsempfehlungen aufgezeigt.

---

[1] Die auf Übertreibungen an den (vor allem) amerikanischen Immobilienmärkten folgenden Zahlungsausfälle und Zwangsvollstre-ckungen offenbarten die Fehlentwicklung des Subprime-Kreditgeschäftes, in dem viele amerikanische Finanzinstitute involviert waren. Durch die ausgeprägten Verbriefungsaktivitäten im Zusammenhang mit diesen Forderungen zeigten sich auch zahlreiche internationale Institute durch ihre Investitionen in belastete Anlagen stark betroffen. Die Erkenntnis über das starke Engagement vieler Banken im Subprime-Segment, unter anderem über Zweckgesellschaften, und Solvenzprobleme einzelner Institute lösten eine Vertrauenskrise aus, die die Refinanzierungsmärkte zusammenbrechen ließ und in einer globalen Finanzkrise mündete.

I.   Veränderte Bankenlandschaft infolge der Krise

Die seit Mitte des Jahres 2007 schwelende Finanzmarktkrise entwickelte sich im Laufe des Jahres 2008 zu einem globalen Phänomen. Auslöser für den Eintritt in eine neue Krisendimension stellte die Beantragung des Gläubigerschutzes durch die amerikanische Investmentbank Lehman Brothers im September 2008 dar. Von funktionierenden Geldmärkten war zu diesem Zeitpunkt schon lange nicht mehr die Rede. Auch gab es regelmäßige Krisenmeldungen über diverse Institute und wiederkehrende Spekulation über deren mangelnde Risikotragfähigkeit und mögliche Liquiditätsprobleme. Nachdem weder die US-Notenbank, noch die Regierung oder andere Marktteilnehmer im Fall von Lehman Brothers zur Rettung einsprangen, wurde der Glaube an „too big to fail" oder „too connected to fail" massiv erschüttert. Erschwerend kam in dieser Situation hinzu, dass eine weitere Investmentbank (Merrill Lynch) nur durch einen Notverkauf gerettet werden konnte. Wenige Tage später gaben auch Goldman Sachs und Morgan Stanley ihren Sonderstatus als Investmentbanken auf. Sie unterwarfen sich strengeren Aufsichtsregeln, erhielten dafür aber im Gegenzug Zugang zu neuen Geldquellen. Mit dem zu dem Zeitpunkt bereits erfolgtem Notverkauf von Bear Stearns verschwanden somit die fünf größten Investmentbanken der USA und veränderten die Bankenlandschaft nachhaltig.

Es zeigten sich im Zuge der Krise jedoch nicht nur amerikanische Investmentbanken betroffen. In Deutschland hatte vor allem das Engagement der Landesbanken in Toxic Assets den globalen Charakter der Finanzkrise verdeutlicht. Die LBBW, die WestLB, die HSH Nordbank und die Bayern LB konnten nur durch Garantien und Kapitaleinlagen ihrer Eigentümer gerettet werden. Die Sachsen LB wurde von der LBBW aufgefangen. Weitere Restrukturierungen der öffentlich-rechtlichen Landesbanken werden in den nächsten Jahren unvermeidbar sein. Hierbei haben vor allem die zur Rettung der Banken aufgebrachten Staatsmilliarden den Konsolidierungsdruck für die Landesbanken enorm erhöht.[2] Im Sektor der privaten Banken gerieten die IKB und die Hypo Real Estate im Zuge der Verwerfungen an den Finanzmärkten schon früh in Existenz bedrohende Schwierigkeiten und konnten nur durch umfangreiche Maßnahmen gerettet werden.

Insgesamt mussten die Banken in den USA und in Europa während dieser Krise fast 1,2 Bio. US-Dollar abschreiben. Nach Schätzungen des IWF dürfte sich diese Summe sogar noch um weitere 1,4 Bio. US-Dollar erhöhen. Die Marktwerte amerikanischer und europäischer Banken gaben im Zuge der Krise dramatisch nach. Dies verdeutlich die Entwicklung ausgewählter Bankindizes, die seit dem Beginn der Krise im August 2007 fast 60% ihres Wertes verloren haben (siehe Abbildung 1), wobei die Erholung seit März 2009 hier bereits berücksichtigt ist.

---

[2] Im Zentrum der Neuordnung steht aktuell die WestLB. Die von den toxischen Wertpapieren und Randbereichen befreite Kernbank muss auf Geheiß der EU bis Ende 2010 verkauft werden oder mit einer anderen Landesbank fusionieren. Die Eröffnung des Bieterverfahrens ist für August 2010 vorgesehen.

Wenngleich sich damit die gesamte Größe des Bankensektors massiv verringert hat, sind weitere Anpassungen im Sinne eines Gesundschrumpfens zu erwarten.

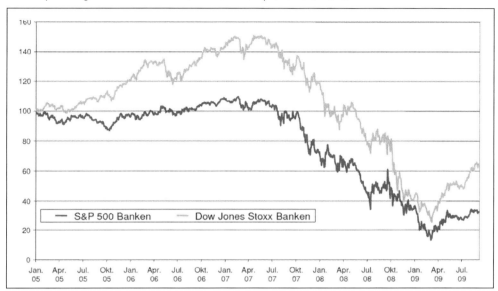

Abbildung 1: Entwicklung Bankindizes Europa und USA (Datenquelle: Bloomberg)

Eine Stabilisierung der stark getroffenen Finanzmärkte gelang nur dank massiver Rettungsmaßnahmen verschiedener nationaler und supranationaler Institutionen. Vor allem die weltweiten Notenbanken und Regierungen bemühten sich, eine nicht mehr auszuschließende systemische Krise zu verhindern und die Folgen der Finanzmarktkrise für die Realwirtschaft zumindest zu begrenzen. Dies geschah zunächst in Form von nationalen Lösungen. Mit der Zuspitzung der Krise erfolgte jedoch auch eine immer stärkere internationale Koordination. Beispielsweise injizierten die Notenbanken vor dem Hintergrund der immer weiter austrocknenden Geldmärkte Liquidität in die Finanzmärkte und senkten ihre Leitzinsen teilweise in dramatischen Schritten, einmal sogar in Form einer konzertierten Aktion (USA, EWU, Großbritannien, Kanada, Schweden, Schweiz, China). Die Regierungen in Europa und den USA stellten zudem alleine ihren 20 Top-Banken über 250 Mrd. US-Dollar frisches Kapital zur Verfügung und sprachen zudem immense Garantien für Bankaktiva und Schuldtitel aus.

Zusammenfassend senkte die EZB ihren Leitzins im Zuge der Krise sukzessive seit Oktober 2008 bis einschließlich Mai 2009 auf ein bislang minimales Zinsniveau von 1%. Die US-Notenbank bekannte sich im Dezember 2008 praktisch zu einer Nullzinspolitik. Sie nahm die Federal Funds Rate von einem Prozent auf ein Zielband von null bis 0,25 % zurück und kündigte an, dass der Leitzins dort einige Zeit verbleiben soll. Die Notenbanken der Schweiz, Japans und Großbritanniens praktizieren ebenfalls eine Niedrigzinspolitik mit Leitzinsen von teilweise deutlich unter 1 %.[3] Eine solche expansive Geldpolitik ist aktuell vor allem vor dem Hintergrund weiter abnehmender Kernteuerungsraten in den USA und Europa vertretbar. Die ebenfalls anhaltende Unterauslastung von Kapazitäten und die stockenden Kreditvergabe deuten sogar auf ein regionales Restrisiko von Deflation hin. Wie jedoch die damit aufgebaute Staatsverschuldung wieder auf ein akzeptables Niveau zurückgeführt und die überbordende Liquidität wieder eingefangen werden kann, ist noch eine völlig offene und unbeantwortete Frage.

Um die Finanzmärkte zu stabilisieren und die Auswirkungen auf die Konjunktur abzufedern, wurde weltweit ein Konjunktur- und Stützungsprogramm nach dem anderen aufgelegt. In den USA wurde unter anderem das 700 Mrd. US-Dollar schwere "Troubled Asset Relief Program" (TARP) der US-Regierung zur Stützung der Finanzbranche aufgelegt. Europas Regierungen sahen sich ebenfalls zum entschiedenen Eingreifen in das Geschehen an den Finanzmärkten in Form von Liquiditäts- und Garantiehilfen für verschiedene Banken gezwungen. Die deutsche Bundesregierung stellte am 5. Oktober 2008 erstmals eine Komplettgarantie für private Spareinlagen in Aussicht, um die Bürger zu beruhigen. In den Tagen zuvor hatten bereits Irland und Griechenland die Einlagen der Sparer bei den großen Banken in unbegrenzter Höhe garantiert. Um die Solvenz der deutschen Banken zu stützen, legte die Bundesregierung einen Rettungsplan im Volumen von bis zu 500 Mrd. Euro[4] für die gesamte Finanzbranche auf. Parallel dazu schnürten auch andere europäische Staaten milliardenschwere Hilfspakete, die unter dem Dach der EU aufeinander abgestimmt wurden. Selbst China, zuvor hoch gelobte Wachstumslokomotive, legte ein umfangreiches Konjunkturpaket von fast 600 Mrd. US-Dollar auf, um die Binnennachfrage zu stärken. Eine Gegenüberstellung der Volumina ausgewählter staatlicher Rettungspakete zeigt Abbildung 2.

---

[3] Schweiz: 0%-0,75%; Japan: 0,1%; Großbritannien: 0,5%.
[4] Zusätzlich wurden von der Bundesregierung 200 Mrd. Euro für weitere Garantien bereitgestellt. Diese wurden bis zum Stichtag 10.06.2009 nicht in Anspruch genommen.

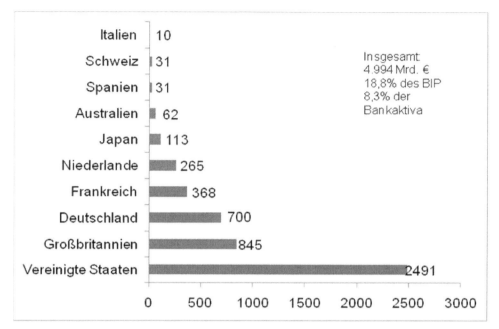

Abbildung 2:   Volumen staatlicher Rettungspakete in Mrd. Euro (Datenquelle: BIS)

Einhergehend mit diesen staatlichen Rettungspaketen vollzog sich ein weiterer signifikanter Wandel in der Finanzwirtschaft. So übernahmen viele Staaten nach den Jahren der Liberalisierung und Privatisierung erneut eine stärkere Rolle im Finanzsektor. Der Staat wurde in der Krise zunehmend zum Investor der letzten Instanz, viele Staaten wurden sogar erneut Eigentümer einzelner Institute.

In Summe ergaben die diversen Rettungspakete und Hilfsmaßnahmen eine schwer vorstellbare Größenordnung. An vielen Stellen wurde Kritik am Vorgehen der Notenbanken und Regierungen geäußert, doch letztlich bleibt festzustellen, dass es einerseits kaum andere realistische Alternativen gab und andererseits ein Teil der Maßnahmen in Form von Garantien gewährt wurde, deren tatsächliche Inanspruchnahme aktuell noch nicht absehbar ist.

Getragen von umfangreichen geld- und fiskalpolitischen Maßnahmen war seit Sommer 2009 eine Normalisierung der Wirtschaft und der Finanzmärkte erkennbar. Die Kurse an den Aktienmärkten stiegen je nach Region um 50% und mehr, die Risikoaufschläge von Unternehmensanleihen sanken deutlich. Von den großen Volkswirtschaften verzeichneten einige, unter anderem Deutschland, bereits im zweiten, die übrigen dann mehrheitlich im dritten Quartal 2009 wieder einen Anstieg der Wirtschaftsleistung (Ausnahme: Großbritannien, Spanien). Die höhere Wachstumsdynamik hielt auch im vierten Quartal 2009 an.

Aktuell begründen sukzessive nachlassende Impulse seitens der Geld- und Fiskalpolitik eine nunmehr zurückhaltende Einschätzung der Konjunkturaussichten für 2010. Es wird erwartet, dass die Konjunkturerholung in den USA im Laufe des Jahres abflacht. Im Euroraum ist sogar, bedingt durch eine schwache Investitionsdynamik, nur von einem niedrigen Wachstum auszugehen. Weiterhin belasten Bedenken über die Auswirkungen hoher Haushaltsdefizite im Euroraum die Märkte zunehmend. Hierbei sind unter anderem die Aktienkurse der europäischen Banken deutlich betroffen.[5]

Mit der Erholung der weltweiten Aktienmärkte zogen auch die Erträge der Banken, insbesondere großer Investmentbanken an. Diese profitierten vor allem von einem erfolgreichen Eigenhandel. Auch bei einigen Landesbanken entspannte sich die Situation. Die guten Ergebnisse der Banken sind jedoch mit Vorsicht zu behandeln, da sie unter anderem bewertungsbedingt sind und auf einer vorteilhaften Entwicklung der Zinsstrukturkurve beruhen. Weiterhin ist zu vermuten, dass der Ertragsanstieg mit einem Risikoanstieg erkauft wurde.

Trotz der zuletzt positiven Entwicklungen ist die Krise noch nicht ausgestanden und es sind weitere, unter Umständen weit reichende Nachwirkungen zu erwarten:

1) Für die Banken besteht noch hoher Handlungsbedarf, da trotz des bereits erfolgten Abbaus von Risikoaktiva die Bankbilanzen noch nicht vollständig bereinigt sind. Darüber hinaus sind die zur Rettung geflossenen Mittel insbesondere in Europa noch nicht wieder zurückgezahlt. Um diese Herausforderungen zu bewältigen, werden die Institute ihre operativen Aktivitäten nachhaltig optimieren müssen.

2) Die Finanzkrise hat zu einer großen Verunsicherung und zu Misstrauen unter den Marktteilnehmern geführt. Dies betrifft sowohl private als auch institutionelle Anleger, Banken und andere Finanzmarktakteure und wird deren Marktverhalten nachhaltig beeinflussen.

3) Auch wenn einzelne Banken(gruppen) unterschiedlich stark betroffen sind, ist das Vertrauen der Bankkunden in die Kreditwirtschaft insgesamt erheblich zurückgegangen. Sowohl seitens der Bevölkerung als auch seitens der Politik hat sich die Stimmung gegenüber den Banken zuletzt erheblich verschlechtert. Es ist davon auszugehen, dass der Vertrauensrückgang sehr tief sitzt und lange anhalten wird.

4) Infolge der Finanzkrise wird es zu einer Ausweitung der Regulierung für Kreditinstitute kommen mit dem Ziel, künftige Krisen zu vermeiden beziehungsweise in ihren Auswirkungen zu begrenzen. Von besonderer Bedeutung ist die erwartete Erhöhung der Ei-

---

[5] Die Länderrisiken sind vor allem in den Aktienkursen und Kreditspreads von Banken in Griechenland, Portugal und Spanien bemerkbar. Doch sind auch weitere Banken des Euroraums vor allem durch ihr Engagement in betreffenden Staatspapieren betroffen. Banken außerhalb des Euroraums zeigen sich weniger involviert.

genkapitalanforderungen für Kreditinstitute. Im Zusammenhang mit der Vermeidung von systemischen Krisen steht ebenfalls die Frage nach der künftigen Ausgestaltung der Einlagensicherung im Mittelpunkt. Die weitere Diskussion und Entwicklung muss aufmerksam verfolgt werden.

Die zentralen diskutierten regulatorischen Änderungen werden im Folgenden dargestellt, um im Anschluss daran die aus dem Zusammenspiel von gemachten Erfahrungen und erlittenen Belastungen im Zuge der Krise sowie der erwarteten Änderungen im regulatorischen Umfeld resultierenden Notwendigkeiten für einen Wandel der Geschäftsmodelle aufzuzeigen.

II. Änderungen im regulatorischen Umfeld

Die Regierungen der G20-Staaten haben sich auf dem Gipfeltreffen im September 2009 in Pittsburgh auf ein weit reichendes Programm zur Stärkung des internationalen Regelungsrahmens für Finanzmärkte und Finanzmarktteilnehmer verständigt. Die Regulierungsinitiativen zielen primär darauf ab, künftige Finanzkrisen zu vermeiden beziehungsweise diese in ihren Auswirkungen einzudämmen. Zu den zentralen Themen zählen in diesem Zusammenhang neue bankaufsichtsrechtliche Anforderungen an Eigenkapital, Liquidität und Risikomanagement, Vergütungssysteme für Bankmanager, die Schaffung eines Rechtsrahmens für die geordnete Sanierung und Abwicklung von Kreditinstituten und die Ausweitung des Verbraucher- und Anlegerschutzes. In der Diskussion um eine zukunftsfähige Finanzmarkt- und Bankenmarktarchitektur spielt auch die Frage nach Funktion und Ausgestaltung der Einlagensicherung in Verbindung mit der Frage nach der Systemsicherheit sowie der Finanzierung von Bankrettungen eine Rolle. Diese Themen werden im Folgenden aufgegriffen:

- Eigenkapitalnormen

Unter dem Schlagwort Basel III werden derzeit die geplanten Änderungen der Eigenkapitalvorschriften für die Banken diskutiert. Ziel ist es, den Risikopuffer der Banken zu erhöhen. Vorgesehen ist nicht nur eine Erhöhung der aufsichtsrechtlich erforderlichen Eigenkapitalquote an sich. Ebenfalls wird die Definition des aufsichtsrechtlich anerkannten Eigenkapitals überprüft. Hier sollen die geltenden Qualitätsanforderungen deutlich verschärft werden: So sollen Drittrangmittel keine Berücksichtigung mehr finden, die Kriterien für Ergänzungskapital werden strenger gefasst und das Kernkapital soll ein höheres Gewicht erhalten.

Eine Leverage-Ratio, die das Verhältnis der Verschuldung einer Bank im Vergleich zu ihrem risikogewichteten Eigenkapital misst, soll den Anforderungskatalog ergänzen. In Deutschland wurde 2009 bereits die Meldung einer „modifizierten bilanziellen EK-Quote" eingeführt und im KWG verankert.

Eine abschließende, verbindliche Definition für die neuen Eigenkapitalvorschriften liegt bislang noch nicht vor. Für Herbst 2010 wird erwartet, dass sich der Baseler Ausschuss auf Vorschläge zu den zahlenmäßigen Anforderungen an Kapital und Liquidität, die so genannte Kalibrierung einigen wird. Es ist aber davon auszugehen, dass die geforderte Kernkapitalquote gegenüber der bisherigen Anforderung verdoppelt wird. Vor dem Hintergrund der weiterhin nicht robusten Konjunktur und der Belastung der Bankbilanzen im Zuge der Finanzkrise ist eine sofortige Umsetzung nicht angestrebt, um die leichte Konjunkturerholung nicht zu stoppen und den Unternehmen den Zugang zu Krediten nicht weiter zu erschweren. Vielmehr ist die endgültige Umsetzung erst bis 2013 vorgesehen. Dennoch sind die Kreditinstitute schon heute bemüht, höhere Eigenkapitalquoten zu erreichen. Abzuwarten bleibt, wie die Erhöhung der Eigenkapitalquote umgesetzt wird - mittels Abbau von Risikoaktiva oder Kapitalzufuhr - und welche Konsequenzen daraus für Kredit- und Kapitalmärkte resultieren.

Unstrittig ist, dass die geplanten Eigenkapitalvorschriften zu hohen Belastungen bei den Banken führen werden - Schätzungen belaufen sich derzeit auf 300 Mrd. Euro. Einer Studie der US-Bank JP Morgen zufolge, die 17 global agierende Banken untersucht, würde der Return on Equity von 13,3 % auf 5,4 % sinken. Dabei wären europäische Banken wesentlich stärker betroffen als US-amerikanische Institute. Als Grund wird der intensivere Kapitalmarktzugang der US-Institute angeführt, die es bereits im Zuge der Finanzkrise geschafft haben, Eigenkapitalbedarf vermehrt über den Kapitalmarkt zu decken und auch schon einen Großteil der Staatshilfen zurückgezahlt haben. Wenn sich die Renditen der Banken so deutlich verschlechtern, wie es die Studie von JP Morgan darlegt, dann wird es für die Banken schwieriger sich frisches Geld über den Kapitalmarkt zu besorgen.

Die geplante Verschärfung der Eigenkapitalvorschriften wird allerdings nicht nur die Banken treffen. Auch die Wirtschaft insgesamt dürfte in Mitleidenschaft gezogen werden, wenn die Banken aufgrund höherer Eigenkapitalanforderungen ihre Kreditvergabe einschränken. Bereits ohne strengere Eigenkapitalvorschriften haben die Kreditinstitute nahezu aller Volkswirtschaften entweder ihre Kreditvergabe eingeschränkt oder zumindest die Anforderungen an die Kreditnehmer angehoben. Es ist auch zu vermuten, dass die Banken die höheren Kosten für Basel III auf die Kunden abwälzen. Um den RoE von 13,3 % zu halten, wäre eine Preissteigerung in Höhe von 33 % notwendig - glaubt JP Morgan. Insbesondere diejenigen Länder, in denen die Wirtschaft stark von der Bankenfinanzierung abhängig ist und die Finanzierung über den Kapitalmarkt einen geringeren Stellenwert einnimmt, werden von den Auswirkungen betroffen sein.

- Bonussysteme

Trotz hoher Verluste der Banken im Zuge der Finanzkrise und umfangreicher Staatshilfen leisteten manche Banken Bonuszahlungen für ihre Manager in erheblichen Größenordnungen.[6] Dies stieß nicht nur in der Bevölkerung auf großen Unmut und Unverständnis, sondern aktivierte auch die Politik - mehr aus populistischen Gründen, als ordnungspolitisch bedingt.

Politisches Ziel ist es nun, die Gehalts- und Bonuszahlungen an Bankmanager zu limitieren und strengeren Kriterien zu unterwerfen. In diesem Zusammenhang wird z.B. diskutiert, die

---

[6] So leistet z.B. die HSH Nordbank eine Sonderzahlung i. H. v. 2,9 Mio. Euro an ihren Vorstandsvorsitzenden, gleichzeitig musst die Bank wegen eines Milliardenverlustes massiv vom Staat gestützt werden. Die Schweizer Großbank UBS zahlte Anfang 2009 insgesamt 2,2 Mrd. Schweizer Franken an Boni aus, trotz eines Verlustes im zweistelligen Milliardenbereich in 2008.

Bonuszahlungen (stärker) am langfristigen Erfolg der Bank zu orientieren, auch den Misserfolg zu berücksichtigen, staatlich verordnete Obergrenzen für Bonuszahlungen einzuführen und Entscheidungsträger für strategische Fehlentscheidungen mithaftbar zu machen.

Richtig ist sicherlich, dass die Finanzkrise Fehlentwicklungen in der Kreditwirtschaft offen gelegt hat. Hierzu zählen auch die Bonus- und Vergütungssysteme der Banken, die Fehlsteuerungen verursacht haben. Jedoch ist fraglich, ob ein staatlich konzipiertes und verordnetes Gehalts- und Bonussystem für Bankmanager die adäquate Lösung sein kann. Neben allgemeinen Umsetzungsschwierigkeiten der diskutierten Aspekte lässt sich für einen solchen staatlichen Eingriff keine ordnungspolitische Rechtfertigung finden.

Da eine international koordinierte oder gar einheitliche Vorgehensweise kaum vorstellbar ist, werden Wettbewerbsverzerrungen unvermeidbare Folge sein. Wettbewerbsverzerrungen ergeben sich auch gegenüber anderen Branchen, die nicht Gegenstand entsprechender Gehaltsregulierung sind. Ferner wird das Management von Banken nicht allein durch die Begrenzung des Gehalts besser oder risikoaverser werden. Vielmehr wird man hochqualifizierte und erfahrene Manager, die der Komplexität und Dynamik des Bankgeschäfts Herr werden können, nur gewinnen können, wenn Risikoübernahme, Erfolg und Nicht-Erfolg in den Vergütungsstrukturen Berücksichtigung finden können.

In Deutschland wurde das Thema der Vergütungsstrukturen bei Banken von der BaFin durch das Rundschreiben „Aufsichtsrechtliche Anforderungen an die Vergütungssysteme von Instituten" vom 21. Dezember 2009 aufgenommen. Mit diesem Rundschreiben setzt die BaFin die Standards um, die das Financial Stability Board auf Aufforderung der G-20 auf dem Gipfeltreffen in Pittsburgh entwickelt hat. Diese Standards werden auf europäischer Ebene in einer geplanten EU-Richtlinie zur Änderung der Eigenmittel-Richtlinien abgebildet.

Aber auch die Kreditwirtschaft selbst hat die bestehenden Mängel in den Vergütungs- und Bonisystemen erkannt und sieht die Notwendigkeit, überhöhte und unverhältnismäßige Bonuszahlungen einzudämmen. So hatten sich bereits Mitte Dezember 2009 elf große deutsche Banken und Versicherer dazu verpflichtet, strengere Vergütungsregelungen entsprechend der G-20 Vorgaben einzuführen. Aus einer aktuellen Auswertung der INbank-Vergütungsdatenbank der Unternehmensberatung Towers Watson geht hervor, dass die Bonuszahlungen in der deutschen Finanzindustrie im Jahr 2009 um etwa 40 Prozent gesunken sind.

- Anlegerschutz

Die Finanzkrise und ihre Folgen haben Schwächen in der Beratung der Banken mit besonderer Dramatik offen gelegt, etwa in Zusammenhang mit Zertifikaten. Vor diesem Hintergrund hat die Politik beschlossen, dem Thema Verbraucherschutz in der Finanzbranche noch größeres Gewicht zu verleihen. So wurden unter dem Deckmantel „Verbraucherschutz" noch im Jahr 2009 neue Dokumentationspflichten für die Anlageberatung bei Banken auf den Weg gebracht und gesetzlich fixiert. Seit dem 1.1.2010 gelten nun für Banken sehr viel strengere Anforderungen bei der Dokumentation von Beratungsgesprächen und der Aufbewahrung der Gesprächsunterlagen. Ob hierdurch tatsächlich der Schutz für den Verbraucher steigt, ist fraglich. Dies gilt auch für den jüngst in die Diskussion eingeführten sog. Beipackzettel[7]. Feststeht, dass durch derartige Maßnahmen nicht unerhebliche zusätzliche Kosten für die Banken entstehen und die Geschäftstätigkeit signifikant beschränkt wird. Den Banken ist es zwar untersagt, die aufgrund der neuen Dokumentationspflichten entstehenden höheren Kosten auf den Kunden umzuwälzen, dennoch ist unwahrscheinlich, dass der Nettonutzen der Kunden steigen wird.

- Einlagensicherung

Von ebenfalls zentraler Bedeutung für die Rahmenbedingungen der Kreditwirtschaft ist die Frage nach der künftigen Ausgestaltung der Einlagensicherung. Die Krise hat an der Bedeutung der Sicherheit der Bankeinlagen keinen Zweifel gelassen und gleichzeitig die Grenzen der bestehenden Einlagensicherungssysteme aufgezeigt. So hat die Finanzkrise eindrucksvoll und beängstigend klargemacht, dass die bisherigen Einlagensicherungssysteme der Banken nicht in der Lage sind, eine systemische Krise aus eigener Kraft zu beherrschen oder abzuwenden. Die Stabilität des Finanzwesens konnte nur durch eine Garantie des Staates für die systemrelevanten Banken aufrechterhalten werden konnte. Diese Garantie war notwendig, um einen Zusammenbruch der Finanzmärkte mit unübersehbaren Konsequenzen für die Realwirtschaft zu vermeiden, könnte aber Fehlallokationen und falsches Risikoverhalten begünstigen.

In der Folge wird das Thema Einlagensicherung intensiv diskutiert. Erste Änderungen wurden bereits vollzogen. So wurde die gesetzliche Einlagensicherungsgrenze zunächst auf 50.000 Euro erhöht, bis 2011 wird sie auf 100.000 Euro angehoben. Beim Bundesverband der deutschen Banken wurde der Beitragssatz zum Einlagensicherungsfonds von 0,3‰ auf 0,6‰ erhöht. Darüber hinaus werden Überlegungen angestellt, die Einlagensicherung der einzelnen Bankengruppen miteinander zu vernetzen.

---

[7] Der sog. Beipackzettel ist ein Informationsblatt, das die grundsätzlichen Eigenschaften eines Finanzproduktes erläutern soll. Hierbei sollen vor allem die Funktionen eines Produktes, aber auch seine Kosten und Risiken dem Kunden gegenüber transparent dargestellt werden.

Festzustellen ist, dass die Diskussion um die Einlagensicherung vielfach mit der Institutssicherung vermischt wird. Das ist nicht nur ärgerlich, sondern schlichtweg falsch. Die verschiedenen Einlagensicherungssysteme garantieren eben keine Systemsicherheit - und wurden dafür auch nie konzipiert. Wenn man jetzt, knapp anderthalb Jahre nach der berühmten Kanzlerinnen-Garantie, eine Diskussion über den Nutzen der klassischen Einlagensicherung führt, verliert man das Wesentliche aus den Augen – sich darüber klar zu werden, wie systemische Krisen aufgefangen und Krisenlasten verteilt werden können. Auch zeugt die aktuelle Diskussion von einer mangelnden Sensibilität gegenüber der Politik, denn allein das schnelle und unbürokratische Handeln mit öffentlichen Mitteln hat den Sturm auf die Banken verhindert.

Der jüngste regulatorische Vorschlag fordert die Einrichtung eines Notfallfonds, der angeschlagene Systembanken rekapitalisieren oder abwickeln soll. Politisch stößt die Idee auf heftige Ablehnung. Besonders die Forderung nach der Beteiligung des Staates und somit letztlich eine Belastung des Steuerzahlers erregt die Gemüter. Dabei lohnt es sich, einen intensiven Blick auf den Vorschlag zu werfen – auch wenn die Ausgestaltung eines solchen Notfallfonds derzeit noch wenig konkret erscheint. Bei der Erarbeitung von Lösungskonzepten für die künftige Vermeidung von Systemkrisen ist es elementar, diese unter ordnungspolitischen Gesichtspunkten zu analysieren und zu bewerten. Drei Aspekte sind hierbei von wesentlicher Bedeutung:

1. Die Lasten für künftige Krisenbewältigungen müssen verursachungsgerecht verteilt werden.

2. Institutsgarantien - unabhängig von Art und Ausgestaltung - müssen risikoadäquat bepreist sein, das bedeutet, ihre Kosten müssen sich am Rendite-/Risikoprofil einer systemrelevanten Bank orientieren

3. Die Systematik eines Krisenpräventionsfonds muss angemessene und zielführende Incentivierungskomponenten enthalten.

Betrachten wir diese Punkte etwas genauer: Systemische Krisen werden von systemrelevanten Banken ausgelöst. Daher sollten auch allein diese, und nicht der Staat, in einen Krisenpräventionstopf einzahlen. Leider existiert keine verbindliche Definition, welche Bank als systemrelevant gilt. Merkmale wie Größe, Internationalität der Geschäftsorientierung, signifikante Eigenemissionstätigkeit und Existenz eines großen Derivatebuches könnten als gute Indikatoren dienen. Allerdings kann vermutet werden, dass die Praxis die definitorische Unschärfe selbständig löst, zum Beispiel, indem der Staat glaubwürdig vermittelt, dass nur die Banken, die in den Notfallfonds einzahlen, den Status systemrelevant erhalten und somit Sicherung erwarten können.

Dieser Gedanke führt direkt zur zweiten genannten Anforderung: Wenn systemrelevante Banken Überrenditen erzielen, sind damit auch höhere Risiken verbunden – das ist eine ökonomische Binsenweisheit. Eine marktgerechte Bepreisung der Garantien, die derartig hohe Risiko-/Rentabilitätskombinationen erst erlauben, muss sich daher an Prinzipien der Versicherungswirtschaft beziehungsweise den dahinter liegenden Optionspreistheorien orientieren.[8]

Hier knüpft der dritte ordnungspolitische Aspekt an: Es kann und darf nicht sein, dass an den Finanzmärkten Anreize geschaffen werden, hohe Risiken mit entsprechenden Ertragschancen einzugehen, bei denen im Erfolgsfall die Erträge privatisiert, mögliche Verluste aber sozialisiert werden.

Lösungsvorschläge, die diesen drei ordnungspolitischen Anforderungen nicht genügen, laufen Gefahr, ihre Wirkungskraft zu verlieren und für bedenkliche Wettbewerbsverzerrungen und falsche Anreizwirkungen zu sorgen.

Insgesamt begründen die beschriebenen geplanten Änderungen im regulatorischen Umfeld vielfältige bedeutende Herausforderungen für die Kreditwirtschaft. Im Zusammenspiel mit den weiteren Auswirkungen der Finanzkrise auf die Banken, den makroökonomischen Entwicklungen und dem veränderten Kundenverhalten ergeben sich hieraus grundsätzliche Ansatzpunkte und Notwendigkeiten für die Banken, ihre Geschäftsmodelle zu überprüfen und weiterzuentwickeln.

---

[8] Die Idee der risikoadäquaten Bepreisung von Garantien führt dazu, dass zu hohe Risiken durch eine erhöhte Options- oder Versicherungsprämie abgeschöpft werden. Die passenden Algorithmen für die Bepreisung zu entwickeln, dürfte eine spannende Herausforderung für Politik, Wissenschaft und Finanzprofis in den Handelssälen der Banken sein. Eine transaktionsorientierte Börsenumsatzsteuer, die als Idee zur Risikobegrenzung in den Diskussionen auftaucht, folgt den hier aufgezeigten Kriterien nicht. Ihre Lenkungswirkung bietet keinen Anreiz für eine risikobewusstere Geschäftspolitik der Banken.

III. Wandel der Geschäftsmodelle

Im Zuge der Finanzkrise zeigten sich verschiedene Bankentypen von der Finanzkrise unterschiedlich stark betroffen. Je nach Geschäftsmodell lassen sich drei idealtypische Gruppen voneinander abgrenzen. Diese sind einerseits stark und direkt betroffene Institute, deren Geschäftsmodelle signifikante Mängel aufweisen (*Defunct or Broken Business Models*), weniger betroffene, wenngleich auch direkt involvierte Institute, die Anpassungsbedarf in Bezug auf ihre Geschäftsmodelle aufweisen (*Not-So-Innocent Bystanders*) und schließlich nur indirekt betroffene Institute, deren Geschäftsmodelle dazu beigetragen haben, die Finanzkrise weniger beschadet zu überstehen (*Disconnetcted but still Affected*).

- Defunct or Broken Business Models

International sind insbesondere die Investmentbanken von der Finanzkrise stark getroffen. In den USA verschwanden so im Laufe der Krise die fünf größten Investmentbanken (siehe auch Kapitel I). Im Zuge der Krise traten die Schwächen ihres Geschäftsmodells deutlich zu Tage. Diese liegen einerseits in dem hohen Umfang spekulativer Geschäfte, wie sie etwa Kapitalmarkt-, Arbitrage- und Originate-to-Distribute-Geschäfte darstellen und wie sie durch eine großzügige Regulierung möglich waren. Andererseits weisen Bankhäuser mit einem Investment Banking-Fokus, bedingt durch ihre Kundenstruktur, eine stark vom Geld- und Kapitalmarkt abhängige Refinanzierung auf.

In Deutschland zeigten sich vor allem die Landesbanken sichtbar von den Turbulenzen an den Finanzmärkten betroffen. Hohe Verluste ihrer Zweckgesellschaften durch Investments in sog. Toxic Assets zogen die Landesbanken früh in die Krise. Das hohe Engagement der Landesbanken in solchen spekulativen Geschäften begründet sich durch die Ertragsschwäche ihres Geschäftsmodells mit zu geringer Kundennähe. So haben Landesbanken, mit Ausnahme der LBBW, kaum Zugang zum privaten Endkundengeschäft, da dieses vornehmlich den Sparkassen vorbehalten ist. Das margenreiche M&A-Geschäft sowie die Begleitung von Börsengängen werden hauptsächlich von privaten Großbanken mit Investment-Banking-Hintergrund dominiert. Die Landesbanken sind somit „zwischen den Stühlen" gefangen - ihnen bleibt in erster Linie nur das Spezialfinanzierungsgeschäft und das Verbundgeschäft mit den Sparkassen. Die strauchelnden Landesbanken wurden nur dank der Garantien und Kapitaleinlagen der Eigentümer bzw. im Wege der Übernahme durch andere Landesbanken vor dem Untergang bewahrt.

Insgesamt zeigten sich vor allem Institute mit einer unterdurchschnittlichen Kundenorientierung beziehungsweise einem unzureichenden Zugang zu Privat- und Firmenkunden von den Entwicklungen der Finanzkrise betroffen.

- Not-So-Innocent Bystanders

Aber nicht nur die Landesbanken, sondern auch unterschiedliche private Institute gerieten im Zuge der US-Hypothekenmarktkrise und der folgenden Verwerfungen an den Finanzmärkten in Schwierigkeiten. Als prominente Fälle sind hier insbesondere die IKB, die Hypo Real Estate, die Commerzbank sowie Sal. Oppenheim zu nennen. Diese Bankhäuser waren zwar selbst nicht in der Origination tätig, haben aber auf der Suche nach hohen Renditen, um die Ertrags- schwäche ihres originären Geschäfts auszugleichen, ebenfalls umfangreich in toxische Wert- papiere investiert. In der Folge hatten diese Banken mitunter erhebliche Verluste durch Wertberichtigungen zu verbuchen.

- Disconnetcted but still Affected

Die geringste Betroffenheit zeigen Banken mit einem konservativen und kundenzentrierten Geschäftsmodell, so etwa Sparkassen, Genossenschafts- und Privatbanken. Sie haben vor allem mit soliden Bilanzrelationen der Versuchung widerstanden, hohe Renditen zu scheinbar überschaubaren Risiken zu realisieren. Diese Banken sind zwar nicht direkt von der Finanzkri- se betroffen, allerdings ergeben sich vielfältige indirekte Belastungen durch die Verwerfungen an den Finanzmärkten sowie den dadurch verstärkten Wirtschaftseinbruch.

Vor dem Hintergrund der Belastungen der Banken durch die Auswirkungen der Finanzkrise und der fundamental geänderten Rahmenbedingungen und der neuen Herausforderungen für die Kreditwirtschaft müssen die Banken die Notwendigkeit erkennen, ihre Geschäftsmodelle auf den Prüfstand zu stellen. Dabei wird es besonders darauf ankommen, das verloren gegan- gene Vertrauen der Kunden wieder zurück zu gewinnen (siehe hierzu Abbildung 3).

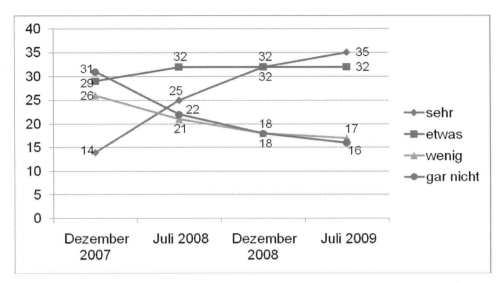

Abbildung 3:   Misstrauen der Kunden in Banken (Datenquelle: German Wealth Monitor 2009)

Um verloren gegangenes Vertrauen und Reputation wieder herzustellen, werden Banken zukünftig stärker auf mehr Transparenz und weniger Komplexität setzen müssen. Traditionelle, einfache und verständliche Produkte werden wieder stärker in den Vordergrund rücken. Genauso werden kurzfristige Return-Orientierung und unrealistische Renditeziele einer Ausrichtung am nachhaltigen Erfolg weichen müssen.

Grundsätzlich ist davon auszugehen, dass das Universalbankenmodell, mit einem Fokus auf dem klassische Privat- und Firmenkundengeschäft, wieder an Bedeutung gewinnen wird. Hierzu ist es vielfach erforderlich, die Kundenorientierung zu verstärken. Der Schwerpunkt muss auf der Kundenbeziehung und deren nachhaltigen Pflege und nicht auf Produkten liegen. Ziel muss es sein, die Kunden langfristig zu binden und letztlich eine stabile Kundenbasis aufzubauen und zu erhalten. Hierbei werden insbesondere eine verlässliche und berechenbare strategische Ausrichtung und eine starke Marke zentrale Erfolgsfaktoren darstellen.

Vor dem Hintergrund der steigenden Herausforderungen und Anforderungen in aufsichtrechtlicher und wettbewerblicher Hinsicht ist darüber hinaus eine strengere Kosten- und Effizienzorientierung der Banken nötig. Hierzu ist auch eine stärkere Fokussierung auf Kernkompetenzen notwendig. Vor dem Hintergrund der gemachten Erfahrungen sowie wachsender aufsichtsrechtlichen Anforderungen sind die Banken auch aufgefordert, ihre Steuerungssysteme anzupassen.

Angesichts der zu erwartenden strengeren Eigenkapitalvorschriften sowie der Diskussion um die Ausgestaltung der Einlagensicherung und den sich daraus ergebenden Konsequenzen für die Refinanzierung von Banken ist ferner davon auszugehen, dass der Kapitalmarktzugang für Kreditinstitute künftig eine wachsende Bedeutung erfahren wird. Allerdings birgt ein wachsender Kapitalmarktzugang auch Risiken, nämlich dann, wenn daraus eine Kapitalmarktabhängigkeit wird. Dies haben die Investmentbanken im Zuge der Finanzmarktverwerfungen anschaulich dokumentiert. Darüber hinaus ist zu berücksichtigen, dass der Zugang zum Kapitalmarkt mit bestimmten Voraussetzungen und Konsequenzen verbunden ist, die vor allem kleinere Institute benachteiligen. So müssen nicht nur Ratings durch anerkannte Ratingagenturen sichergestellt werden, auch müssen die betreffenden Institute eine hinreichende Größe und eine angemessene Eigenkapitalposition aufweisen. Zugang zum Kapitalmarkt zu haben bedeutet für die Banken außerdem, eine höhere Transparenz und tiefere Einblicke in die Geschäftstätigkeit zu gewähren. Die höhere Transparenz ist hierbei vor allem das Resultat erhöhter Offenlegungs- und Publizitätsanforderungen und einer IFRS-Bilanzierung.

Zusammenfassend lässt sich festhalten, dass die Kreditwirtschaft vor dem Hintergrund der gemachten Erfahrungen, der fundamental geänderten Rahmenbedingungen und der daraus resultierenden Herausforderungen ihre Geschäftsmodelle nicht nur überdenken, sondern auch nachhaltig verändern müssen. Die Geschäftstätigkeit der Banken wird durch die neuen Anforderungen, sowohl bezüglich der stärkeren Fokussierung auf die Kundenbeziehungen als auch durch strengere Regulierung, zunehmend erschwert.

Fazit

Die Finanzkrise hat die Bankenlandschaft dramatisch verändert und wird noch weitere Anpassungen nach sich ziehen. Während einige Bankengruppen in ihrer früheren Ausgestaltung vollständig vom Markt verschwunden sind, haben andere nur mithilfe von Staatshilfen die Krise überstanden. Als Folge dieser Hilfen hat sich die staatliche Beteiligung im Bankensektor nach Jahren der Liberalisierung und Privatisierung wieder deutlich ausgeweitet. Die Transformation der Bankenlandschaft gilt jedoch als noch nicht abgeschlossen. Beispiele für weitere Entwicklungen sind der steigende Konsolidierungsdruck unter den Landesbanken und die anhaltende Notwendigkeit des Gesundschrumpfens einzelner Kreditinstitute.

Eine zentrale und weitreichende Folge der Finanzkrise wird vor allem eine Ausweitung der Regulierung des Bankensektors sein mit dem Ziel, künftige Krisen zu vermeiden beziehungsweise ihre Auswirkungen zu begrenzen. Zu den zentralen Themen in der Regulatorikdebatte zählen vor allem die Erhöhung der Eigenkapitalanforderungen für Kreditinstitute und die Ausgestaltung der Einlagensicherung. Die konkrete Ausgestaltung und tatsächliche Umsetzung beider Aspekte wird die Geschäftstätigkeit von Banken signifikant beeinflussen und erheblichen Mehrkosten implizieren

Für die Banken ergibt sich aufgrund der Entwicklungen im Zuge der Finanzkrise und ihrer Folgen die Notwendigkeit, ihre Geschäftsmodelle zu überprüfen und weiterzuentwickeln. Zukunftsfähige Geschäftsmodelle werden grundsätzlich konservativer und risikoaverser sein und den Bankkunden stärker in den Mittelpunkt der Geschäftstätigkeit stellen, um verloren gegangenes Vertrauen wieder herzustellen. Parallel dazu müssen die Geschäftsmodelle aber auch den strengeren Anforderungen von Seiten der Regulierungsbehörden gerecht werden. Hierzu ist auch eine höhere Transparenz der Geschäftstätigkeit sowie Stetigkeit in der strategischen Ausrichtung erforderlich. Gleichzeitig müssen sich die Banken wieder stärker auf ihre Kernkompetenzen fokussieren.

Insgesamt zeichnet sich als Konsequenz der Finanzkrise ein Paradigmenwechsel in der Bankenbranche ab, der den veränderten Rahmenbedingungen an den Finanzmärkten durch ein verändertes regulatorisches Umfeld, ein geändertes Verhalten der Kunden und anderer Marktteilnehmer Rechnung trägt. Ein Paradigmenwechsel auf der Seite der Anleger beziehungsweise Investoren, die ebenfalls maßgeblich in die Krise verwickelt waren, ist derzeit hingegen noch nicht zu erkennen und vermutlich nachhaltig auch nicht zu erreichen.

Herausforderungen für Volksbanken in Metropolregionen

DR. REINER BRÜGGESTRAT

Vorstandssprecher
Hamburger Volksbank

In allen Überlegungen zu dem Geschäftsmodell einer Volksbank in einer Metropolregion steht der Kunde im Mittelpunkt. Dies hat sich gerade in der jetzigen Krise gezeigt, in welcher die bodenständigen genossenschaftlichen Institute sich nach jetzigem Stand besonders bewährt haben.

Bevor aber auf das Geschäftsmodell und auf die Herausforderungen für Volksbanken in Metropolregionen eingegangen werden wird, sollen die bestehenden Rahmenbedingungen beschrieben werden.

Die Bevölkerungsentwicklung wird im Verlauf der nächsten Jahre und Jahrzehnte im Bundesgebiet sehr uneinheitlich verlaufen. „Verliererzonen", gemeint sind die ländlichen oder strukturschwachen Gebiete vor allem im Osten Deutschlands und Regionen im Umbruch, wie das Ruhrgebiet, stehen so genannten „Goldenen Atollen" z. B. im Umkreis der heutigen Metropolregionen München und Hamburg gegenüber.

Das Geschäftsgebiet der Hamburger Volksbank belegt dieses mit Zahlen für die Metropolregion Hamburg. So wird bis zum Jahr 2020 bei einer bundesweit insgesamt leicht rückläufigen Bevölkerungsentwicklung ein Anstieg um etwa 5% prognostiziert.

Für den genossenschaftlichen Verbund ist diese Entwicklung in besonderem Maße herausfordernd. Die vom Marktanteil her gesehen traditionell starken Primärbanken im ländlichen Gebiet sehen sich einem Bevölkerungs- und damit Kundenrückgang gegenüber, wohingegen die Primärbanken in den Ballungsräumen eher durch geringe Marktanteile und dadurch bedingte strukturelle Defizite geprägt werden. Hinzu kommt die relative Stärke der Sparkassen in den großstädtischen Gebieten. In Hamburg ist die ansässige Sparkasse beispielsweise 20-mal größer als die Hamburger Volksbank. Darüber hinaus stehen die genossenschaftlichen Institute vor der großen Herausforderung in einem weitestgehend verteilten Markt zu wachsen und das in einem Markt, der durch einen hohen Konkurrenzdruck geprägt wird. So sind allein in Hamburg 130 in- und ausländische Kreditinstitute tätig. Darüber hinaus zeichnet sich der großstädtische Markt durch eine geringe Preistoleranz und Kundentreue sowie eine hohe Mobilität der Kundschaft aus. Auch unterscheiden sich die Bedürfnisse und das Nachfrageverhalten der Kunden in den Ballungsgebieten stark von denen der Kunden aus ländlichen Gebieten.

Die demographische Entwicklung spielt der genossenschaftlichen Organisation also nicht in die Karten. Rückenwind erhalten die genossenschaftlichen Institute derzeit allerdings durch die Turbulenzen der Finanz- und Wirtschaftskrise. War das Drei-Säulen-Modell vor wenigen Jahren noch todgesagt, haben vor allem die Genossenschaftsbanken stabilisierend in der Krise gewirkt.

Das Geschäftsmodell der Hamburger Volksbank, welches durch die nachfolgend genannten Aussagen geprägt wird, verdeutlicht die stabilisierenden Faktoren eindrucksvoll und kann hier als Beispiel angeführt werden. Unser Geschäftsmodell ist grundsätzlich stabil und zukunftsfähig. Wir machen keine Geschäfte, die wir nicht verstehen, jagen nicht die Rendite um jeden

Preis, sondern investieren in den Ausbau unseres Geschäftsmodells: Geschäfte mit Kunden machen, die wir kennen, mit Produkten, die wir verstehen, und das Ganze in unserer Stadt. Wir sind Unternehmer vor Ort, unseren Kunden verpflichtet und bereit, dafür Verantwortung zu übernehmen.

Der bestehende Institutsschutz bei genossenschaftlichen Kreditinstituten hat ebenfalls zur Stabilisierung in besonderem Maße beigetragen. Die Sicherheit, dass nicht nur die Einlagen abgesichert sind, sondern das ganze Institut in seinem Bestand durch die Solidargemeinschaft der 1200 Volks- und Raiffeisenbanken garantiert wird, wirkt vertrauensbildend und lässt auch die Hamburger Volksbank profitieren.

Was gilt es bezüglich der Marktpositionierung des Finanzverbundes in Ballungsräumen zu beachten? Zunächst besitzt jede Bank vor Ort das alleinige Privileg diese Frage für sich auto-nom zu beantworten. Allerdings gibt es eine gemeinsame Klammer über die genossenschaftli-chen Zentralbanken und die Verbundunternehmen. Dennoch bleibt die autonome Entscheidungshoheit vor Ort. Daher ist der Auftritt der Volks- und Raiffeisenbanken teilweise auch sehr unterschiedlich.

Für jedes Unternehmen und vor allem eine Volksbank in einer Großstadt ist die Kundenakqui-sition lebenswichtig. Die Markenbildung ist hierbei das zentrale Thema um erfolgreich zu agie-ren. Nur wer es schafft, als Marke be"merkt" zu werden, hat eine Chance, ausgewählt und gekauft zu werden. Der genossenschaftliche Finanzverbund ist in diesem Fall allerdings keine große Hilfestellung. Der Auftritt der Einzelmarken ist keinesfalls aufeinander abgestimmt, teil-weise ist eine Zugehörigkeit nicht einmal auf den zweiten Blick erkennbar. Eine Vereinheitli-chung in diesem Bereich wäre aus meiner Sicht wünschenswert und würde eine Stärkung unserer Marke bedeuten.

Im Spannungsfeld einer fokussierten oder breiten Zielgruppenbearbeitung setzt die Hamburger Volksbank auf die breite Aufstellung einer Universalbank im Privat- wie im Firmenkundenge-schäft. Die Qualität im Privatkundenbereich wird durch den Einsatz des VR-Finanzplans ge-währleistet. Dieser zielt auf einen ganzheitlichen, qualitativen Beratungsansatz und nicht auf den reinen Produktvertrieb. Durch diesen Ansatz, können die Kunden darauf vertrauen, dass sie nicht das Produkt erhalten, welches der Bank den höchsten Provisionssatz bietet – Lehman lässt grüßen – sondern welches langfristig für Sie am sinnvollsten ist. Dieser Ansatz trägt dazu bei, das ohnehin gestiegene Vertrauen der Kunden in den genossenschaftlichen Finanzverbund, weiterhin zu stärken.

Im Hause der Hamburger Volksbank spiegelt sich der Vertrauensgewinn in einem starken An-stieg des betreuten Kundenpassivvolumens wieder. Ab dem September 2008 stieg das Volu-men sprunghaft um annähernd 200 Mio. EUR bis zum Jahresende. Viele Kunden suchten den sicheren Hafen, den die Volksbanken boten. Durch die überzeugende Qualität in der Beratung, konnte dieser Zuwachs bislang gehalten werden, obwohl wir im Markt keinesfalls als Preisfüh-rer auftreten.

Die Kreditvergabe hat sich analog des Anstiegs des Passivvolumens ebenfalls erfreulich entwickelt. Durch den Rückzug von ausländischen Anbietern und den Problemen bei zahlreichen inländischen Anbietern, wie den Landesbanken profitieren vor allem die genossenschaftlichen Institute und - mit Einschränkungen - die Sparkassen. Die weiterhin gute Versorgung der mittelständischen Unternehmen mit Krediten erklärt sich dadurch, dass diese traditionell starken Mittelstandsfinanzierer voll engagiert geblieben sind. Das Firmenkreditgeschäft der Volks- und Raiffeisenbanken ist im Jahr 2009 weitgehend konstant geblieben bzw. leicht angestiegen, während alle übrigen Bankengruppen ihre Kreditvergabe deutlich nach unten gefahren haben. Aus meiner Sicht ist aber vor allem die Finanzierungssituation bei Großunternehmen angespannt. Die Kreditkonditionen haben sich in den Jahren bis 2008 und zu Jahresbeginn 2009 zwar für kleine und mittelständische Unternehmen verschlechtert. Die größeren Unternehmen mit mehr als 1000 Beschäftigten lebten hingegen im kreditwirtschaftlichen Schlaraffenland. Deren Kreditkonditionen waren nämlich deutlich besser als die von kleineren Unternehmen. Zu Beginn des Jahres 2009 hat sich dies allerdings drastisch verändert, da besonders die Kreditanbieter für diese Großunternehmen extreme Anpassungsprobleme hatten. Nationale und internationale Großbanken sind mit voller Wucht von der Bankenkrise erfasst worden. Bei den mittelständischen Unternehmen hat sich dort eine nur leichte Verschlechterung ergeben, die bei weitem nicht so stark war, wie in dem Bereich der großen Unternehmen. Insofern ist dies ein klares Indiz, dass man von einer temporären Kreditklemme nur bei größeren Unternehmen sprechen kann.

Ein weiterer Beleg ist eine Studie der Financal Times Deutschland, welche die Veränderung der Kredite an Unternehmen und Selbständige im zweiten Quartal Jahre 2009 zwischen unterschiedlichen Bankengruppen aufsplittert. Genossenschaftsbanken weisen einen Anstieg von 3 – 4 % auf. Auch die Sparkassen haben ihre Kredite noch leicht ausgeweitet, während insbesondere die Filialen ausländischer Banken drastisch ihre Kreditversorgung zurückgeführt haben. Aber auch bei den Großbanken und den Landesbanken, die mit hauseigenen Problemen zu kämpfen hatten, ist der Rückgang zwischen 5 und 8 % deutlich ausgefallen. Große Banken haben sich insgesamt als eher verletzlich herausgestellt. Hierunter haben wiederum schwerpunktmäßig die Großunternehmen gelitten. Auch die Bundesbank geht für die künftige Entwicklung in zweiten Halbjahr 2009 von einer Ausweitung der Kreditengagements bei den kleinen und mittleren Banken aus, wohingegen bei den Großbanken lediglich mit einer Stabilisierung des Niveaus ausgegangen werden kann. Soweit dieser Exkurs zum Thema Kreditklemme.

Hinsichtlich der strategischen Alternativen eines klassischen Filialvertriebes und einem diversifiziertem Vertrieb setzt die Hamburger Volksbank auf den Ausbau und Erhalt eines attraktiven Filialnetzes. Dabei sehen wir in der Filiale den Schlüssel zur Markenbildung, ohne andere Vertriebswege zu vernachlässigen. Ein ansprechendes Interieur und Exterieur, verbraucherfreundliche Öffnungszeiten sowie attraktive Angebote – etwa bankfremde Leistungen und Veranstaltungen – sollen Kunden zum Filialbesuch animieren. Damit ist die physische Präsenz vor Ort das wichtigste Instrument zur Kundengewinnung. Das persönliche Beratungsgespräch vor Ort ist angesichts immer komplexer werdender Finanzthemen einfach unschlagbar. Menschliches Banking liegt mehr denn je im Trend. Deshalb investieren wir weiterhin kräftig in Ausbau und Modernisierung unseres Filialnetzes.

Für die Hamburger Volksbank ist die Neukundengewinnung notwendig. Als ein Mittel zur Neukundengewinnung dient seit 2003 unser Sponsoring bei den Hamburg Freezers. Der Club zog damals von München nach Hamburg und hatte in den ersten Jahren erstaunlichen Zuspruch beim Hamburger Publikum. Den Erfolg des Engagements kann man anhand des Wachstums der ausgegebenen FreezersCards ablesen. Diese von uns „gebrandete" Karte wurde vom Beginn des Sponsorings bis zum heutigen Tag fast 20.000-mal an unsere Kunden ausgegeben. Aus unserer Sicht findet die Weiterentwicklung des Sponsorings derzeit mit dem Eingehen des Namenssponsorings der neu gebauten Trainingshalle für die Hamburg Freezers und den HSV Handball statt. Diese Halle wurde von der Alexander Otto Sportstiftung errichtet und die Hamburger Volksbank hat die Namensrechte erworben. Die Halle ist dabei auch für die breite Öffentlichkeit zum Eislaufen zugänglich und führt das Sponsoring eines Profivereins und die Menschen der Stadt Hamburg wieder zusammen.

Ein weiteres Beispiel aus der Praxis ist die Katharinenschule in Hamburg, die in der HafenCity liegt. Es handelt sich hierbei um ein sogenanntes PPP-Projekt, ein public-private-partnership. Es ist ein Musterbeispiel für die Zusammenarbeit im genossenschaftlichen Finanzverbund. So hat die DZ Bank die Begleitung und Finanzierung des Projektes in der Bauphase übernommen. Die Deutsche Genossenschafts-Hypothekenbank übernimmt die langfristige Finanzierung nach der Bauphase und die Hamburger Volksbank sichert die laufende Begleitung und ist Ansprechpartner vor Ort.

Es bestehen allerdings auch Konfliktfelder in der genossenschaftlichen Welt. So liegt die Last der Neukundenakquisition heute hauptsächlich auf den Schultern der Primärbanken vor Ort. Die Verbundinstitute beteiligen sich an diesem teuren Prozess praktisch nicht, profitieren aber im nachherein davon. Hier ist eine Kostenbeteiligung wünschenswert. Denn, wie im Spannungsfeld zwischen Wachstum gegenüber Ertrag deutlich wird, es ist die Kosteneffizienz, die einen zentralen Punkt für die Überlebensfähigkeit darstellt. Aus unserer Sicht bringen Netzwerke die notwendigen Kostenvorteile. Die Hamburger Volksbank arbeitet beispielsweise an der Errichtung eines regionalen ServiceCenters. Deutschlandweit sind im Bereich der Genossenschaften bereits zahlreiche Standorte gegründet worden oder sind im Begriff gegründet zu werden. Das Zusammenzuarbeiten in regionalen Verbünden, um die angesprochenen Kostenvorteile zu generieren und die Wettbewerbsfähigkeit langfristig sicherzustellen ist das Zukunftsmodell für die Volks- und Raiffeisenbanken.

Um das Ergebnis kurz zusammenzufassen: Der genossenschaftliche FinanzVerbund ist gut aufgestellt. Er kann als ein Gewinner aus der Krise hervorgehen, wenn er die Herausforderung dieser Zeit annimmt und die sich bietenden Chancen nutzt. Die vorhandenen Geschäftsmodelle und sein stimmiges Wertesystem sind auf jeden Fall zukunftsträchtig und hierzu geeignet.

Auswirkungen und Lehren in der Finanzkrise

RALF FLEISCHER

Geschäftsführer
Rheinischer Sparkassen- und Giroverband

Die Welt befindet sich zurzeit in einer der schwersten Wirtschafts- und Finanzkrisen der letzten Dekaden. Obwohl die aktuelle Krise noch nicht ausgestanden ist, sollte bereits jetzt die Frage gestellt werden, wie diese Krise entstanden und wie möglicherweise künftige Krisen verhindert werden könnten. Im Zuge dieser Überlegungen zeigt sich, dass der Ablauf solcher Krisen, so komplex ihre Entstehungsgeschichten und Ursachen, so vielfältig ihre Interdependenzen und Folgen auch seien mögen, im Grundsatz meist einem vergleichbaren Drehbuch folgt.

Am Beginn der Krise, der natürlich nur ex-post eingegrenzt werden kann, bildet sich zunächst ein geeigneter Handelsgegenstand heraus. Der Preis für diesen Handelsgegenstand steigt dann im weiteren Zeitablauf sukzessive so stark an, dass bald von einem Spekulationsobjekt, denn von einem Wirtschaftsgut der Realwirtschaft gesprochen werden müsste. Obwohl diese Entwicklung durch die Marktteilnehmer erkannt werden müsste, steigt der Preis für den Handelsgegenstand trotzdem weiter an. Nach einiger Zeit werden dann möglicherweise Optionen oder sogar komplexe Finanzprodukte auf das Spekulationsobjekt angeboten. Wenn der Markt jedoch nicht mehr bereit ist, weiterhin steigende Preise für den Handelsgegenstand zu zahlen, kann die auf den Spekulationen basierende Blase meist in sehr kurzer Zeit zusammen brechen. Dieser Zusammenbruch geht dann fast zwangsläufig auch mit einer Erosion des Preisniveaus und einer Vernichtung von Werten und Vermögen einher.

Im 17. Jahrhundert waren die Handelsgegenstände, die zu Spekulationsobjekten avancierten, nicht Häuser sondern Tulpenzwiebeln. Vor fast 400 Jahren, im Jahr 1633, wurden bereits Optionen und Future-ähnliche Kontrakte auf Tulpenzwiebeln gehandelt. Als der Markt vier Jahre später schließlich zusammenbrach fielen die Preise um über 90% und tausende von Menschen verloren Vermögen, Ersparnisse und ihre Existenzgrundlagen.

Die Krise aus der Mitte des 17. Jahrhunderts verdeutlicht exemplarisch, dass Wirtschafts- und Finanzkrisen in unserer Geschichte inhärent sind. Wir können deshalb mit hoher Sicherheit davon ausgehen, dass wir auch in Zukunft immer wieder mit neuen Wirtschafts- und Finanzkrisen konfrontiert werden. Im Vergleich zur Tulpenkrise ist die heutige Krise allerdings deutlich vielschichtiger und komplexer. Durch die hochentwickelten Finanzprodukte, die komplexen Wirtschaftsbeziehungen und den ausgeprägten internationalen Verflechtungen hat sich diese Krise nicht, wie vor 400 Jahren, auf den europäischen Raum beschränkt, sondern hat in kurzer Zeit nahezu den gesamten Globus erfasst.

Ein Versuch, Auswirkungen und Lehren aus der aktuellen Krise zu analysieren, erfordert zwangsläufig auch immer eine genaue Analyse der Ursachen. Gerade bei unserer aktuellen Krise ist diese Ursachenforschung, sofern sie zum jetzigen Zeitpunkt überhaupt abschließend und eindeutig möglich ist, allein schon aufgrund der Vielzahl an Beteiligten sehr anspruchsvoll. Notenbanken, Ratingagenturen, Regierungen, Aufsichtsbehörden, Wirtschaftsprüfer und nicht zuletzt die Konsumenten haben sicherlich alle, wenn auch in unterschiedlichen Maße, ihren Anteil an der Entstehung dieser größten Krise seit den 30er Jahren des letzten Jahrhunderts. Vor diesem Hintergrund ist sicherlich der Begriff des „kollektiven Versagens" angebracht, auch wenn damit natürlich nicht negiert werden kann und soll, dass ein Großteil der Verantwortung natürlich auch im Bankenwesen zu suchen ist.

Gemäß dem physikalischen Grundsatz „Actio gleich reactio" hat sich die aktuelle Finanzkrise zum Teil aus genau den Maßnahmen entwickelt, die gerade die Folgen der letzten Krise abmildern sollten. Der Beginn der heutigen Finanzkrise kann durchaus mit dem Ende der letzten, der „Internet"-Krise zu Beginn des Jahrtausends verortet werden. Zur Dämpfung der negativen Folgen der geplatzten Internetblase und den Anschlägen vom 11. September 2001 hatte die amerikanische Notenbank FED in den Folgejahren die Zinsen massiv gesenkt. Unter dem Stichwort „jedem Amerikaner sein Haus" hatte die damalige US-Regierung zudem die Schaffung von Wohneigentum für breite Teile der Bevölkerung massiv gefördert.

Die Kombination dieser Faktoren führte letztlich dazu, dass auch Bevölkerungsteile Zugang zu Krediten erlangten, die über keine ausreichende Bonität verfügten und deren wirtschaftliche Leistungsfähigkeit mit diesen Krediten überschritten wurde. Gleichzeitig stiegen aufgrund der erhöhten Nachfrage die Immobilienpreise deutlich an. Die Finanzierung der Immobilienkredite erfolgte durch die amerikanischen Banken, unterstützt durch die großen, halbstaatlichen Hypothekenbanken Fannie Mae und Freddie Mac. Aufgrund der kontinuierlich steigenden Hauspreise und den seit Jahren fallenden Zinsen wurde die wesentliche Kompetenz und zentrale Aufgabe der Banken, die Beurteilung und Bewertung von Kreditrisiken und Bonitäten, zunehmend vernachlässigt.

Die negative Entwicklung wurde ferner dadurch begünstigt, dass zunehmend Kredite zu 100% ausgezahlt wurden – also Finanzierungen auch ohne einen Eigenkapitalbeitrag durch den Kreditnehmer gewährt wurden. Darüber hinaus wurden Kredite an Personen vergeben, deren Fähigkeit zum Zins- und Schuldendienst zumindest fraglich war. Diese Kreditnehmer wiesen zum Teil kein geregeltes Einkommen auf oder hatten bereits andere finanzielle Verpflichtungen. Die Kredite an diesen Personenkreis wurden in der Folge dann auch als „Subprime-mortgages" bezeichnet. Darüber hinaus wurde die Kreditverzinsung zunehmend variabel gestaltet: Aufgrund der kontinuierlich rückläufigen Zinsen gingen Kreditnehmer – und Banken – davon aus, dass sich dies auch in Zukunft fortsetzen würde. Dass aber bei einem steigenden Zinsniveau viele Kreditnehmer dann ihre Verpflichtungen nicht mehr erfüllen können, wurde hingegen vielfach nicht ausreichend berücksichtigt. Die Sicherung dieser Kredite erfolgte zum Teil auch über die erwarteten Wertsteigerungen der Immobilien. Banken und Konsumenten unterlagen hier dem Irrglauben, dass der Boom bei den Immobilienpreisen weiter anhalten würde.

Auf Basis dieser Entwicklung ist eine erste Lehre aus der Finanzkrise erkennbar. Die Vergabe von Krediten an Kreditnehmer mit zweifelhafter Bonität ist mit den Grundsätzen eines ordnungsgemäßen Bankgeschäfts nicht vereinbar. Dass die Tilgung dieser Kredite in einigen Fällen auch mit der erwarteten Wertsteigerung der finanzierten Immobilien verknüpft wurde, hatte dann zusätzlich noch einen spekulativen Charakter.

Vor dem Hintergrund der Einhaltung der Eigenkapitalvorschriften wurden die Kreditrisiken zunehmend verbrieft. Die Bewertung der verbrieften und immer komplexeren Strukturen erfolgte auch durch die Rating-Agenturen, die damit wie ein öffentlicher Garant wahrgenommen wurden, da der Markt auf die Richtigkeit der von den Agenturen vergebenen Noten vertraute. Über außerhalb des Konsolidierungskreises befindliche „Special Investment Vehicles" konnten die verbrieften Kreditrisiken dann auch einem internationalen Investoren- und Käuferkreis angeboten werden.

Die unterschiedlichen Marktteilnehmer vertrauten in dieser Phase – jeweils bis zu einem gewissen Grad – auf die jeweils anderen. Die Kreditnehmer vertrauten auf die Banken und den Staat. Der Staat, repräsentiert durch die Hypothekenfinanzierer, war „gefühlter" Garant für die Werthaltigkeit der Kredite. Die Banken vertrauten auf ausgefeilte Systeme zur Risikomessung- und Beurteilung, die eine hohe mathematische Komplexität erlangt und zudem mit den Anforderungen der Aufsichtsbehörden im Einklang standen. Die Investoren der verbrieften Wertpapiere vertrauten auf zweierlei, zum einen auf die Bewertungen der Ratingagenturen und natürlich auch auf die langjährige Erfahrung der Kreditinstitute.

Die Auswirkungen dieser Finanzkrise sind bis heute kaum abschätzbar. Tatsache ist jedoch, dass mit dem Antrag der *New Century Financial Corporation*, der damaligen Nummer 2 bei der Vergabe von Subprime-Hypothekenkrediten, auf Gläubigerschutz nach Chapter 11 an jenem 02. April 2007 eine Entwicklung begann, deren Ende heute noch nicht absehbar ist. Nach Schätzungen des IWF hat die Finanzkrise bis zum Ende des Jahres 2008 rund 1,4 Billionen US$ gekostet. Eine aktuelle Studie der Commerzbank spricht mittlerweile von rund 10 Billionen US$. Im Verlauf der Krise haben insgesamt hunderte amerikanischer Banken ihren Geschäftsbetrieb eingestellt; die bekannteste hiervon war sicherlich „Lehman Brothers" am 15. September 2008. Aber nicht nur große Institute, sondern auch ganze Staaten gerieten in Schieflage und standen kurz vor dem Bankrott und mussten mit externer Hilfe gerettet werden. Weltweit wurden Konjunktur- und Hilfspakete aufgelegt, allein in den USA wurde im Februar 2008 ein 150 Mrd. US$ Konjunkturpaket und im September 2008 weitere rund 700 Mrd. US$ für die Banken bereitgestellt. Die Bundesregierung stellte 2008 dem deutschen Finanzsystem im Oktober rund 470 Milliarden € zur Verfügung, die Unterstützung aus den Konjunkturpaketen I und II beläuft sich mittlerweile auf insgesamt rund 80 Mrd. €

Diese staatlichen Unterstützungsmaßnahmen werden nicht ohne Folgen bleiben. Die Stützung von Instituten, die ohne staatliche Kapitalspritzen nicht überlebt hätten, hat zu einer massiven Wettbewerbsverzerrung geführt. Banken, die eben noch mit erheblichen Schwierigkeiten kämpften, können jetzt mit Hilfe staatlicher Gelder zu Kampfpreisen Kunden akquirieren. Dies erfolgt damit zu Lasten derjenigen Institute, die aufgrund ihres guten Managements keine Unterstützung brauchen und nun in der Krise ohne staatliche Subventionen auskommen. Die steigende Staatsverschuldung wird die künftigen Generationen mit Zins und Tilgung belasten. Dies wird negative Auswirkungen auf den Spielraum des Staates bei den Öffentlichen Aufgaben – der Förderung von Schulen und Universitäten, Krankenhäuser und Infrastrukturprojekten – haben. Allen Beteuerungen zum Trotz werden auch Steuererhöhungen unvermeidlich sein, bei einer gleichzeitigen Senkung von staatlichen Transferzahlungen. Dies wird zwangsläufig auch Auswirkungen auf den Konsum und damit auf Absatz und Gewinn der Unternehmen haben.

Während die Gewinne der gestützten und geretteten Institute privatisiert wurden, werden die Verluste durch die Gemeinschaft getragen. Es ist auch keineswegs sicher, dass Deutschland nicht doch noch von der Rezession stärker erfasst wird, als bisher. Die Regelungen zur Kurzarbeit haben die Auswirkungen verzögert und möglicherweise sogar abgemildert. Es ist nicht unwahrscheinlich, dass nach den Bundestagswahlen am 27. September, auch hier noch erhebliche Belastungen auf uns zukommen. Es ist jedoch kaum kalkulierbar wie die Krise verlaufen wäre, wenn die massive staatliche Unterstützung nicht stattgefunden hätte.

Die Beantwortung der Frage nach den Lehren, die wir bisher aus der Finanzkrise gezogen haben, ist nicht einfach. Die Ursachen der Finanzkrise liegen, wie dargestellt, in der Vielzahl der Beteiligten, ihren unterschiedlichen Interessen, der Komplexität des Finanzsystems und in der internationalen Verflechtung, aber auch in falschen Anreizsystemen und schlichtem Versagen. Lehren und zweifelsfrei notwendige Anpassungen können sich daher auch nicht auf isolierte Teilaspekte beschränken, sondern sind in einem Gesamtkontext zu betrachten.

Eine Lehre aus der Finanzkrise ist, dass ein global agierendes Finanzsystem eine globale Aufsicht braucht. Diese muss klare, eindeutige und leicht nachvollziehbare Regeln entwickeln. Die Vorschläge der EU-Kommission aus dem Frühjahr dieses Jahres gehen da in die richtige Richtung. Es ist jedoch zu bedenken, dass der Finanzmarkt eine hohe Innovationskraft und Flexibilität aufweist. Zwar folgten die bisherigen Vorgaben hinsichtlich der Eigenkapitalausstattung von Banken einem richtigen Gedanken, nämlich dass Institute einen adäquaten „Kapital-Puffer" zur Deckung von Risiken vorhalten müssen. Diese Vorgabe hat allerdings auch dazu geführt, dass „Special Investment Vehicles" konstruiert wurden, für die diese Anforderungen nicht relevant waren.

Eine weitere Lehre aus der Finanzkrise betrifft den Glauben, dass ein Zusammenhang zwischen der Unternehmensgröße und dem langfristigen Bestehen eines Unternehmens am Markt existiert. Die Krise hat gezeigt, dass die bloße Unternehmensgröße weder ein Garant dafür ist, dass immer die richtigen Entscheidungen getroffen werden, noch ist sie eine Garantie gegen einen Zusammenbruch oder eine Insolvenz. Lehmann Brothers und der Versicherungskonzern AIG haben diesen Glauben deutlich ins Wanken gebracht. Allerdings hätten Marktteilnehmer, Staat und Aufsicht diese Erkenntnis auch schon aus den Zusammenbrüchen von Enron und Worldcom in den Jahren 2001 und 2002 ziehen können.

Dass ein Institut aufgrund seiner Größe eine „Systemrelevanz" erlangt und deshalb im Krisenfall durch den Staat gestützt werden muss, ist bedenklich. „Too big to fail" heißt dann nämlich, dass Missmanagement nicht mehr durch den Markt bereinigt werden kann bzw. darf. In der

Folge werden an sich nicht lebensfähige Unternehmen künstlich am Leben erhalten werden – nur weil sie systemrelevant sind. Dies ist zum einen ordnungspolitisch fragwürdig. Zum anderen kann man sich hier durchaus die Frage nach der Qualität eines Wirtschafts- und Finanzsystems stellen, das sich auf solche systemimmanenten „Unsicherheiten" stützen muss.

Mit diesen Überlegungen sollen aber nicht Sinnhaftigkeit und Notwendigkeit der bisher durchgeführten Rettungsaktionen in Frage gestellt werden. Hierzu bestand keine Alternative. Zu hinterfragen ist jedoch, ob durch die bisherigen Zusammenschlüsse und „Rettungskäufe" nicht noch größere Institute geschaffen wurden. Für diese würden dann die Vokabeln „too big to fail" und „systemrelevant" umso mehr gelten.

Eine weitere Erkenntnis aus der Finanzmarktkrise betrifft den Glauben, dass die alleinige Installation von mathematischen Systemen und wissenschaftlichen Konzepten eine Krise vermeidet. In der Kritik steht hier insbesondere die „Prozyklität" von Basel II. Die Verbindung zwischen der Qualität des Kreditportfolios und der Eigenkapitalausstattung ist zwar im Grundsatz richtig. Der Effekt, dass die sich in wirtschaftlich schwierigen Zeiten verschlechternden Ratings auf die Eigenkapitalanforderungen der Banken durchschlagen und zu einer Verknappung des Kreditangebots führen können, wurde aber deutlich unterschätzt.

Durch die Gefahr, dass die aus der Rating-Migration resultierende Verringerung des Eigenkapitals zu einer Unterschreitung der Mindestausstattung führen könnte, wurde aus Sicht der Institute ein Anreiz geschaffen, Risiken mittels Rückversicherungen über Dritte abzusichern. Diese Absicherung war naturgemäß mit signifikanten Kontrahentenrisiken behaftet. Diese Risiken sind insbesondere im Fall des amerikanischen Versicherers AIG – als der größte Rückversicherer für Kreditrisiken – deutlich geworden. AIG wurde letztlich auch als systemrelevant eingestuft und durch die US-Regierung mit einer Anleihe in Höhe von 85 Mrd. US$ „gerettet". Änderungen zielen jetzt darauf ab, dass in „guten Zeiten" ein weiteres Polster geschaffen werden muss, welches dann in „schwierigen Zeiten" wieder abgebaut werden kann, ohne dass die Mindestausstattung an Eigenkapital gefährdet wird.

Ähnlich kritisch ist das Vertrauen in mathematische Systeme zur Risikomessung und -steuerung zu beurteilen. Die Krise hat gezeigt, dass die alleinige Installation von mathematischen Systemen und wissenschaftlich entwickelten Risikokonzepten eine Krise nicht verhindern kann. Es gibt sogar einige Anhaltspunkte dafür, dass diese möglicherweise sogar einen Beitrag an der Entstehung der Krise haben. Zum einen wird nämlich das Verhalten der Marktteilnehmer homogener, wenn vielfach ähnlich arbeitende Systeme eingesetzt werden: Bei bestimmten wirtschaftlichen Entwicklungen können dann beispielsweise „Verkaufssignale" nahezu zeitgleich bei verschiedenen Marktteilnehmern ausgesprochen werden – mit der Folge, dass eine Preisbildung – gerade in der Abwärtsbewegung – erschwert wird. Ein Indikator für diesen Effekt könnte in der aktuellen Krise gewesen sein, dass die Preise für amerikanische Hypothekenkredite bereits zu einem Zeitpunkt fielen, als noch kaum Kreditnehmer ausgefallen waren.

In diesem Zusammenhang muss allerdings auch die Rolle der Rating-Agenturen kritisch betrachtet werden. Verbindungen und Wechselwirkungen zwischen Ratings und den Risikosystemen der Banken haben möglicherweise auch dazu beigetragen, dass die von den Agenturen zu einigen Terminen verstärkt vorgenommenen Abwertungen den Verkaufsdruck auf die entsprechenden Papiere deutlich erhöht haben. Allerdings muss hier auch berücksichtigt werden, dass erst durch entsprechende Vorschriften der Bankenaufsicht die Agenturen in ihrer Bedeutung förmlich aufgewertet wurden. Hier sollte die kritische Frage gestellt werden, ob die Aufsicht auf die Meinung von privaten Unternehmen zurückgreifen sollte. Wird dies bejaht, sollten die Überlegungen zur Regulierung und Beaufsichtigung der Agenturen konsequent fortgeführt werden.

Hinsichtlich der Komplexität der Risikosysteme wird durch die Wissenschaft zum Teil auch hinterfragt, ob diese nicht auch zu einer Verringerung der Transparenz beigetragen hat. Es besteht die Theorie, dass diese, durch Experten entwickelten Systeme, Ergebnisse nicht mehr einfach und verständlich abbilden konnten. Im Ergebnis haben diese dann auch nicht mehr den Einfluss auf die Entscheidungen des Managements ausgeübt, der eigentlich notwendig gewesen wäre. Ferner könnte das große Vertrauen auf die Technik auch den gesunden Blick auf „Risiko und Ertrag" getrübt haben. In der Konsequenz könnte dies bedeuten, dass Systeme zur Risikomessung zwar einen unverzichtbaren Beitrag zu Beurteilung und Steuerung eines Kreditportfolios leisten. Allerdings können und werden Sie niemals eine gesunde Einschätzung von Risiko und Ertrag ersetzen. Diese Einschätzung kann aber nicht ohne Kenntnis des Kunden und seiner spezifischen Situation erfolgen. Ein alter Grundsatz lautet „banking business is peoples business". Er ist richtig – er wurde nur von vielen Bankern in der Vergangenheit vergessen.

Es darf aber nicht der Eindruck erweckt werden, dass eine mangelnde Kenntnis des Kunden allein ausschlaggebend für die Entstehung der Finanzkrise war. Die gängige Bezeichnung „sub-prime" – oder intern auch „Ninja" (No Income, No Job or Assets) – zeigt deutlich, dass vielen Akteuren Qualität und Situation der Kunden durchaus bewusst war. Wenn nach den Lehren aus der Finanzkrise gesucht wird, muss daher auch eine Antwort auf die Frage gefunden werden, warum trotz Kenntnis, trotz Abbildung dieses Sachverhalts in den Risikosystemen viele Banken diesen Weg trotzdem immer weiter verfolgt haben.

In diesem Zusammenhang werden zunehmend auch die Begriffe „Behavioral finance" und „moral hazard" diskutiert. Sie könnten eine Erklärung für das Verhalten der Banken sein, das die Orientierung an kurzfristig realisierbaren Gewinnen und die Fortführung dieses Geschäftsmodells begünstigt hat. Und das obwohl – zumindest seit der Anhebung der Zinsen durch die FED im Jahr 2005 – erste Zweifel an dem langfristigen Erfolg geäußert wurden.

Dass Banken durch die Verbriefung von Kreditrisiken diese nicht mehr selbst getragen haben, war für diese Entwicklung sicherlich mit ausschlaggebend. Die Entkopplung von Verantwortung, Risiko und Ertrag schlug sich im Verhalten der Mitarbeiter und in den Vergütungssystemen nieder. Bonuszahlungen orientierten sich am kurzfristigen Erfolg – ob die Engagements auch langfristig profitabel waren, wurde dagegen nicht immer in dem notwendigen Maße berücksichtigt. Für Mitarbeiter bestand daher ein Anreiz, möglichst große Kreditvolumen zu generieren und zu verbriefen. Die Qualität dieser Kredite war dabei nicht primär maßgeblich, da diese verbrieft wurden und damit nicht mehr im Risikokreis der Bank waren.

Die Lehren daraus sollte daher sein, dass Vergütungen und Erfolgszahlungen mit dem langfristigen Erfolg des Unternehmens verbunden sein müssen. Es muss sichergestellt sein, dass die handelnden Akteure auch angemessen an möglichen Verlusten beteiligt werden. Darüber hinaus sollten Banken nicht länger die Möglichkeit haben, sämtliche übernommenen Risiken vollständig an den Kapitalmarkt weiterzuleiten. Ein angemessener Selbstbehalt der Risiken auf den Bilanzen der Banken wird – hoffentlich – auch wieder zu einer sorgfältigeren „Risiko-Ertrags"-Prüfung führen.

Ob allerdings die aktuell diskutierte absolute Begrenzung der Gehälter zielführend ist, kann nur schwer beurteilt werden. Eine allgemeine, staatlich vorgegebene Begrenzung der Gehälter würde vermutlich mit dem Grundsatz der Vertragsfreiheit in Konflikt geraten, da es dem Unternehmer oder dem Eigentümer obliegt, wie und in welcher Höhe er seine Angestellten oder seine Vorstände entlohnt. Eine Begrenzung wäre damit nicht nur ein Eingriff in das marktwirtschaftliche Anreizsystem, sondern zusätzlich auch noch rechtlich genau zu prüfen. Dass für eine funktionsfähige Marktwirtschaft die Verbindung von Erfolg und Misserfolg mit der Vergütung ein wichtiger Faktor ist, wird allerdings kaum bestritten werden.

Im Zusammenhang mit einer am langfristigen Erfolg ausgerichteten Vergütung muss zwangsläufig auch die Qualität des Geschäftsmodells berücksichtigt werden. Insbesondere in Deutschland hat sich bei einigen Landesbanken gezeigt, dass Banken ohne ein plausibles Geschäftsmodell dauerhaft nicht überlebensfähig sind. Der Aufbau eines „Kreditersatzgeschäfts" war gerade keine langfristig tragfähige Lösung. Eine dauerhafte Kundenbeziehung ist letztendlich ertragreicher, als die kurzfristige Suche nach ertragreichen Finanzanlagen an den internationalen Kapital- und Kreditmärkten. Zweifelsfrei braucht der Aufbau einer Kundenbeziehung Zeit und setzt voraus, dass ein erfolgreiches Geschäftsmodell existiert, das nicht nach jedem Jahresabschluss wieder korrigiert wird. Aber nur dann haben alle – sowohl Kunden als auch die Banken – die Chance, Finanzkrisen von größerem Ausmaß unbeschadet zu überstehen.

In diesem Zusammenhang sollte aber ebenfalls auch nicht außer Acht gelassen werden, dass auch der Konsument eine Verantwortung trägt: 10 % Zins bei „Null Risiko" gibt es nicht. Das müssen und sollten auch die Kunden realisieren. An dem Renditewettlauf der Vergangenheit haben sich in Deutschland allerdings zwei der drei Säulen nicht aktiv beteiligt. Es hat sich hier als großer Vorteil herausgestellt, wenn Institute nicht dem Renditedruck der Kapitalmärkte ausgesetzt sind. Eine Renditeerwartung von 25% und mehr und eine vertrauens- und verantwortungsvolle Kundenberatung sind nur schwierig in Einklang zu bringen. Verantwortung für die

Gemeinschaft und eine vertrauensvolle Beratung kosten Rendite, allerdings sollten menschliche Interessen keinesfalls alleinigen Ertragsinteressen untergeordnet werden.

Auf Grundlage der skizzierten Überlegungen zu den Ursachen und den möglichen Lehren aus der Finanzkrise sind – unabhängig von den regulatorischen und technischen Entwicklungen, folgende Grundregeln immer zu berücksichtigen.

1. Banken sind Dienstleister am Kunden. Ebenso wenig wie produzierende Unternehmen ohne Kunden existieren können, können dies Banken.

2. Bankgeschäft darf nicht den Bezug zur Realwirtschaft verlieren. Spätestens wenn die Aktivitäten von Banken mehr untereinander stattfinden als mit den Kunden, wenn die Kundenbeziehung sogar „verbrieft" wird, ist der Realitätsbezug verloren.

3. Auch das beste Risikosystem ersetzt nicht ein gesundes Gefühl für Ertrag und Risiko. Dieses Gefühl kann aber nicht abstrakt entstehen, sondern nur durch langjährige Krediterfahrung und den fortgesetzten Kontakt mit den Kunden.

4. Vergütungssysteme müssen Ertrag und Risiko angemessen berücksichtigen. Die ausschließliche Ausrichtung auf die Gewinnkomponente ist nicht zielführend.

5. Eine internationale Aufsicht muss klare und nachvollziehbare Regeln setzen und überwachen.

Finanzkrisen besitzen eine grundlegende Systematik. Diese ist im 17. Jahrhundert ebenso sichtbar, wie in der Immobilienkrise in Japan im Jahr 1990, der Internetkrise zum Jahrtausendwechsel als auch in der aktuellen Krise. Der bereits im Jahr 1996 verstorbene Ökonom Hyman Minsky führte hierzu aus, *„Je länger ein Finanzsystem stabil ist, desto instabiler wird es. Die Schuldner werden immer sorgloser, sie nehmen immer höhere Kredite auf. Die Gläubiger verleihen immer leichtfertiger. Und am Ende locken Banken Investoren mit fantastischen Kreditprodukten mit wenig Substanz an."*

Ob aus dieser ersten großen Krise des 21. Jahrhunderts die richtigen Lehren gezogen werden wird sich allerdings erst im Zeitablauf zeigen. Die aktuellen Entwicklungen und die Tatsache, dass Finanz- und Wirtschaftskrisen immer wieder kommen, stimmen hier allerdings nicht positiv.

Die Rolle der Finanzinvestoren in der aktuellen Krise

DR. CLAUS NOLTING

Vorsitzender des Vorstandes
COREALCREDIT BANK AG, Frankfurt am Main

Welche Rollen können und wollen Finanzinvestoren in und nach der aktuellen Wirtschaftskrise spielen? Oder noch schärfer formuliert: Spielen Finanzinvestoren überhaupt noch eine Rolle?

Diese Frage drängt sich auf, wenn man derzeit, im Sommer 2009, die Wahrnehmung von Finanzinvestoren in Öffentlichkeit und Presse untersucht. Schlagzeilen der Wirtschaftspresse wie beispielsweise „Das deutsche Beteiligungsgeschäft liegt danieder"[1] und „Drohende Abschreibungen und sinkende Renditen belasten die Private-Equity-Branche"[2] scheinen die Antwort bereits widerzuspiegeln.

Hinzu kommen quantitative Indikatoren, die Finanzinvestoren aktuell eher in der Defensive sehen. So ging das Private-Equity-Transaktionsvolumen in Deutschland vom Höchststand im zweiten Halbjahr 2006 bis zum ersten Halbjahr 2009 um mehr als 90 Prozent zurück. Das hat Ernst & Young, bezogen auf in Deutschland ansässige Übernahmeobjekte und alle einschließlich des Transaktionswertes veröffentlichten Transaktionen, jüngst in ihrer regelmäßigen Marktstudie[3] ermittelt. Demnach stieg das Übernahmevolumen von etwa zwei Milliarden Euro im ersten Halbjahr 2002 relativ kontinuierlich in fünf Jahren auf circa dreißig Milliarden Euro im zweiten Halbjahr 2006, um dann in nur drei Jahren ebenso stetig auf unter drei Milliarden Euro – ein Zehntel des Höchststandes – zurückzufallen (Abbildung 4).

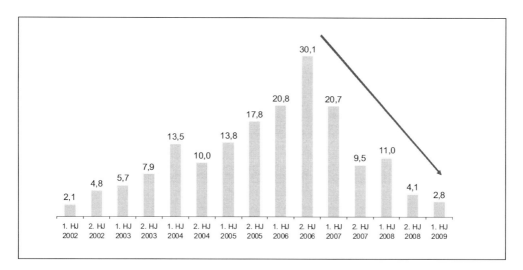

Abbildung 4: Transaktionsvolumen Private Equity in Deutschland (in Mrd. Euro)

[1] Vgl. Paul, Holger (2009)
[2] Vgl. Landgraf, Robert (2009)
[3] Vgl. Ernst & Young (2009)

Ähnliches gilt für das German-Private-Equity-Barometer, einem Geschäftsklimaindikator zur aktuellen Geschäftslage sowie deren erwarteter Veränderung über die folgenden sechs Monate, der von der KfW und dem Bundesverband deutscher Kapitalbeteiligungsunternehmen (BVK) ermittelt wird[4]. Die Entwicklung ist hier analog dem Transaktionsvolumen: Während der Index im vierten Quartal 2006 mit 77,8 Punkten den Höchststand erreichte, liegt er im zweiten Quartal 2009 mit –5,9 Punkten auf einem Niveau, das er seit Beginn der Ermittlung Anfang 2003 nie erreicht hatte.

Auch war bisher das Einsammeln von Geldern, das sogenannte Fundraising, kein nennenswertes Problem. Jetzt müssen viele Fonds jedoch fast hilflos zusehen, wie ihnen Gelder abgezogen werden und frisches Kapital stärker denn je im Zweitmarkt mit Fondsanteilen platziert wird. Hierzu ermittelten die Transaktionsberater Cogent Partners, dass die Fondsanteile im 1. Halbjahr 2009 mit einem mittleren Abschlag von 55 Prozent auf den Net-Asset-Value per 31. Dezember 2008 gehandelt wurden[5]. Pikanterweise muss sich die Branche daher jetzt mit den Problemen auseinandersetzen, von denen sie zuvor erheblich profitiert hat, nämlich erheblichen Bewertungsabschlägen auf ihre Investments.

In der Tat ist nicht zu bestreiten, dass besonders jene Geschäftsmodelle von Finanzmodellen massiv unter Druck stehen, die ausschließlich auf großem Kredithebel und schnellem Exit beruhen. Aus dieser Momentaufnahme jedoch abzuleiten, die Branche sei tot, erscheint mir stark verfrüht. Durchaus in eine andere Richtung zeigen zum Beispiel das Interesse von Ripplewood an Opel, der Einstieg von Lone Star bei der IKB und einige andere aktuelle Transaktionen, die heute allerdings kleiner ausfallen und so weniger Aufmerksamkeit erhalten, und die zwei 2008 neu aufgelegten Lone-Star-Fonds mit insgesamt ungefähr acht Milliarden US-Dollar Kapital.

Die folgenden Ausführungen sollen die Diskussion über die Rolle der Finanzinvestoren strukturieren – aus den Erfahrungen der Praxis, nicht als rein akademische Übung. Zuerst wird hierzu der Begriff Private Equity bzw. Finanzinvestor geklärt. Anschließend sollen Charakteristika und Geschäftsmodelle gezeigt werden, insbesondere mit Blick auf die Quellen ihrer Wertschöpfung. Hieraus lassen sich dann abschließend Status quo und Perspektiven für Finanzinvestoren vor dem Hintergrund der aktuellen Finanzkrise ableiten.

I. Definition Private Equity/Finanzinvestor

Zunächst heißt es somit, den Gegenstand der Betrachtungen zu präzisieren. Angesichts einer Vielfalt von Begriffen in diesem Marktsegment wie Finanzinvestor, Opportunity-Fonds, Hedge-

---

[4] Vgl. BVK und KfW Bankengruppe (2009)
[5] Vgl. McGardy, Colin/Heffern, Brad (2009)

Fonds, Private Equity, und das alles unter dem Gattungsbegriff Heuschrecke, erscheint eine Abgrenzung zwingend notwendig.

Folgende Definition für Private Equity (und im Folgenden synonym: Finanzinvestoren), die sich an ihrer Finanzierungsfunktion orientiert, soll dabei zugrunde gelegt werden:

> „Private Equity ist eine Finanzierungsart, bei welcher in der Regel institutionelle Investoren über in der Regel nicht regulierte Fondskonstruktionen mit einem hohen Fremdkapitaleinsatz für mittelfristige Investitionen Unternehmen Eigenkapital zur Verfügung stellen, wobei von vornherein die Absicht besteht, das Zielunternehmen später zu veräußern."

Der Investmentstil und die Rahmenbedingungen für Finanzinvestoren stehen dabei in einer wechselseitigen Beziehung. Die Definition ist damit im gewissen Sinne tautologisch, zumindest in ihrer idealtypischen Konstellation.

Institutionelle Investoren wie Lebensversicherungen, Pensionskassen, Stiftungen und Staatsfonds verwalten Großvermögen, die gewinnbringend anzulegen sind. Wegen ihrer Größe bilden sie in ihrem Portfolio ohne Weiteres automatisch den Marktdurchschnitt ab. Um sich vom Wettbewerb durch eine Überrendite abzuheben oder das Risiko noch mehr zu diversifizieren, sind Investmentstrategien abseits der klassischen Kapitalmärkte notwendig. Zu diesem Zweck wird ein Teil des Kapitals – typischerweise bis zu einem Zehntel – in Finanzinvestoren investiert.

Finanzinvestoren wollen unkorrelierte Überrendite erzielen, indem sie Fehlbewertungen auf den klassischen Finanzmärkten ausnutzen. Finanzinvestoren glauben letztlich nicht an die lehrbuchmäßige Effizienz des gesamten Kapitalmarktes – zumindest ohne ihr Zutun. Dies führt im Übrigen zu einer Selbstbeschränkung der Finanzinvestorenbranche: Solche Anleger können naturgemäß immer nur einen kleinen Teil des Finanzmarktes ausmachen, sonst gäbe es keine Investmentchancen für sie.

Da Fehlbewertungen in der Regel nicht offensichtlich sind, bedarf es zu ihrer Identifikation und anschließenden Ausnutzung meist komplexer Strategien, die auch über die liquiden Marktsegmente hinausgehen können. Transparenz ist den Investments nicht zuträglich, weder bei der konkreten Strategieumsetzung noch bei dem grundsätzlichen Prinzip an sich. Finanzinvestoren müssen daher nichtöffentlich agieren, wenn sie Fehlbewertungen ausnutzen wollen.

Mangelnde Transparenz und damit im Zweifel hohes Risiko führen nun wiederum dazu, dass Aufsichtsbehörden die Beteiligung an Finanzinvestoren nicht der Allgemeinheit zugänglich machen. Als Geldgeber kommen daher nur institutionelle Investoren in Betracht, auch wenn ein breiteres Interesse besteht. So schließt sich der Kreis.

II. Abgrenzung zu Hedge-Fonds

Herausgenommen aus den weiteren Betrachtungen wird damit die Gruppe der Hedge-Fonds mit kürzerem Anlagehorizont. Für die Frage nach der (primären) Wertschöpfung ist die Abgrenzung relevant, da sich die Ansätze beider Investorengruppen deutlich unterscheiden[6] (Abbildung 5).

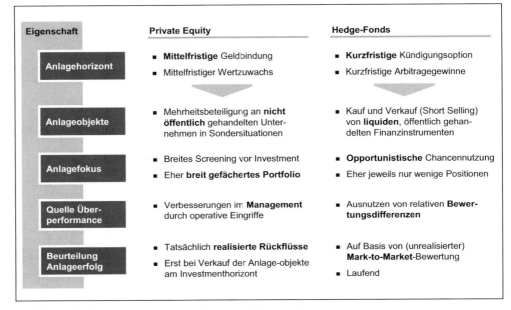

Abbildung 5: Vergleich von Private Equity mit Hedge-Fonds

Private-Equity-Fonds investieren mit einem mittelfristigen Horizont. Das Geld der Investoren wird für mehrere Jahre – typischerweise sieben bis neun Jahre – gebunden. Ein Exit für die anfänglichen Zeichner ist, wenn überhaupt, nur bei Stellung eines neuen Anlegers möglich.

Hedge-Fonds verfolgen hingegen eine kurzfristige Anlagestrategie. Sie erlauben daher auch den Abzug von Geldern mit wenigen – typischerweise drei bis sechs – Monaten Kündigungsfrist.

Der verschieden lange Horizont von Private Equity einerseits und Hedge-Fonds andererseits impliziert weitere grundsätzliche Unterschiede zwischen diesen beiden Varianten von alternativen Investments: hinsichtlich Anlageobjekten und -fokus, der angestrebten Quelle von Überperformance und der Bezugsgröße, um den Anlegererfolg zu beurteilen.

---

[6] Vgl. Achleitner, Ann-Kristin/ Kaserer, Christoph (2005)

Klassisches Private Equity investiert grundsätzlich in nicht öffentlich gehandelte Unternehmen in Sondersituationen, und zwar in der Regel als Mehrheitsbeteiligung. An einer Börse notierte Unternehmen werden nur zur Vorbereitung einer Privatisierung oder als vorläufiger Restanteil nach einem Teilexit per Börsengang gehalten. Die Minderheitsbeteiligung von Fonds der Flowers-Gruppe an der Hypo Real Estate bestätigt als Ausnahme die Regel.

Private Equity strebt an, durch Veränderungen im Management des übernommenen Unternehmens eine Wertsteigerung zu erzielen: Sei es durch Schaffung von finanziellem Spielraum, sei es mittels direkter Eingriffe in die operative und strategische Unternehmensführung. Beurteilt wird der Erfolg dieser Maßnahmen erst beim finalen Verkauf der Anlageobjekte, und zwar auf Basis der tatsächlich erzielten Rückflüsse.

Hedge-Fonds hingegen kaufen und verkaufen liquide, öffentlich gehandelte Finanzinstrumente, um kurzfristige Arbitragegewinne zu realisieren. Gehalten werden opportunistisch solche Positionen, bei denen aktuell eine kurzfristige Gewinnchance gesehen wird.

Klassische Hedge-Fonds wollen relative Bewertungsdifferenzen zwischen Finanzprodukten ausnutzen und gehen dazu Long- und Short-Positionen ein. Im Idealfall wird hierdurch direkt ein risikoloser Gewinn gesichert, der von der allgemeinen Marktentwicklung unabhängig ist; auf diesen Sachverhalt geht auch die Bezeichnung Hedge-Fonds zurück. Wegen der kurzfristigen Ausstiegsmöglichkeit der Anleger wird die Performance eines Hedge-Fonds auf Basis von Mark-to-Market-Bewertungen dieser Positionen laufend ermittelt.

Eine solche Angrenzung stellt zwar analytische Klarheit her, es soll allerdings nicht verschwiegen werden, dass die Übergänge in der Praxis immer weniger so starr sind, wie man aus dieser Angrenzung ableiten könnte.

III. Hauptvarianten von Private Equity

Die Finanzierungsform Private Equity ist in allen Phasen des Lebenszyklus eines Unternehmens relevant. Entsprechend lässt sich eine grobe Unterteilung in Early-Stage- und Later-Stage-Investitionen vornehmen (Abbildung 6). Die Ansätze zur Wertgenerierung sind in beiden Fällen unterschiedlich.

Early-Stage-Private Equity (auch: Venture-Capital) ist die Investition in Unternehmen, die in neuen Produkten oder Märkten agieren, die Gewinnpotenzial aufweisen, aber wegen der Risiken noch nicht kapitalmarktfähig sind. Diese Investments kann man weiter in Seed (Entwicklungsphase), Start-up (Einführungsphase) und Expansion bzw. Growth (Wachstumsphase) unterteilen. Oft sind die Innovationen wissenschaftlicher oder technischer Art, so dass meist nicht das Risikokapital, sondern vielmehr das unternehmerische Knowhow der entscheidende Beitrag von Private Equity ist.

Later-Stage-Private-Equity ist die Investition in reife Unternehmen, bei denen Wertsteigerungspotenzial in der Optimierung des Finanz- oder des operativen Managements liegt. Nach dem Schwerpunkt der Optimierung kann zwischen Leveraged-Buy-out (Finanzoptimierung) und Turnaround (Managementoptimierung) unterschieden werden, nach dem Übernahmeanlass spricht man oft auch etwa von Special Situations oder Loan-to-Own.

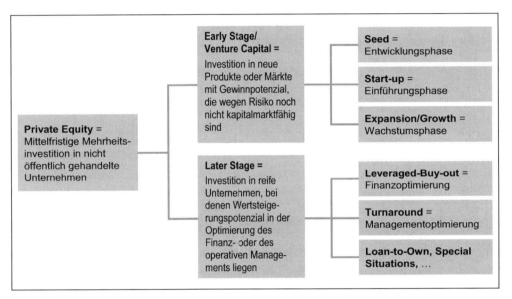

Abbildung 6: Private-Equity-Varianten

In der öffentlichen Wahrnehmung stärker präsent sind Transaktionen der Later-Stage-Phase, da diese größere Investitionsvolumen bedeuten und oft bekannte Unternehmen betreffen. Finanzinvestoren wie Blackstone, Cerberus, Flowers, Fortress und Lone Star, die vornehmlich in diesem Segment arbeiten, sind daher auch vielen Menschen außerhalb der Branche ein Begriff. Im Weiteren stehen daher auch diese Investoren im Mittelpunkt.

IV. Charakteristika von Finanzinvestoren

Eine nähere Betrachtung der Gruppe der Later-Stage-Finanzinvestoren zeigt, dass diese eine Reihe von identischen Wesensmerkmalen und Charakteristika aufweisen.

Die Organisation in rechtlicher Hinsicht besteht im Wesentlichen aus einer Management- bzw. Beratungsgesellschaft, die je nach Assetklasse, Region und Eigenkapitalgeber unterschiedliche Fonds initiiert und managt. Für den Fonds wird üblicherweise die Form einer Limited Partnership gewählt, die am ehesten mit der deutschen Kommanditgesellschaft vergleichbar ist: dabei wird der Fondsinitiator der General Partner (Komplementär), die institutionellen Investoren sind Limited Partner (Kommanditisten). Der General Partner verantwortet zudem das Fondsmanagement.

Die Firmenkultur ist geprägt von einem Arbeitsverständnis, das in Deutschland als mittelständisch bezeichnet wird. Die Gesellschaften an sich sind mit typischerweise einem Dutzend Mitarbeitern meist nicht groß, wobei etwa juristische Kompetenz fallweise extern bezogen wird. Die Führung haben wenige Personen inne, meist mit Finanz- oder Investmentbanking-Hintergrund und angelsächsischer Denkweise. Die Organisationsstruktur ist schlank und flexibel, weist kaum Hierarchien auf und ist vom hohen persönlichen Engagement und der Präsenz des Managements geprägt. Die Führungsriege betreibt das Geschäft selbst und ist sehr nah am Markt. Viele der heute maßgeblichen Akteure haben ihre ersten Erfahrungen in der seinerzeitigen Krise der Savings and Loans Banks in den USA gesammelt, also in erster Linie mit Distressed Assets, Non-Performing-Loans und Junk-Bonds.

Die Vorgehensweise ist klar opportunitätsgetrieben, und von vornherein besteht eine Veräußerungsabsicht. Den Handelnden ist bewusst, dass die Mittel je nach Ausgestaltung eines Fonds nur zeitlich begrenzt zur Verfügung stehen, was den Anlagehorizont für die eigenen Investments auf etwa zwei bis sieben Jahre begrenzt. Entsprechend herrscht ein hohes Maß an Ergebnisorientierung.

Bemerkenswert ist, dass die Geschäftsansätze genau jene Faktoren eher vernachlässigen, die heute von vielen durch die Krise „geläuterten" Banken unisono als Mantra wiederholt werden: Kundenbeziehung statt Dealorientierung, Augenmaß bei der Rendite, Nachhaltigkeit, Transparenz. Private Equity verhält sich vielmehr nach wie vor so, wie es vom „homo oeconomicus" erwartet wird – Geschäfte müssen sich rechnen, und für ein gutes Geschäft oder Renditen im Bereich über zwanzig Prozent schämt man sich nicht.

Jedoch wissen Finanzinvestoren auch, dass sie, wenn sie in einem Land erfolgreich Geschäfte machen wollen, sich als „good corporate citizens" bewegen müssen. Hier gab es in der Vergangenheit sicherlich erhebliche Informations- und Kommunikationsdefizite. Nun ist den meisten jedoch klar geworden, dass sie sich nicht mehr unterhalb des Radarschirms bewegen und ihre Aktivitäten sehr wohl von der Öffentlichkeit wahrgenommen werden.

V. Wertschöpfung durch Screening

Die zentrale Frage, deren Beantwortung zugleich die Rolle der Finanzinvestoren inner- und außerhalb von Krisen erklärt, lautet ganz simpel: Worin besteht die Wertschöpfung, der sogenannte Value Added? Zunächst einmal gilt die alte Erkenntnis „Ineffizienz erlaubt Opportunitäten". Effizient und geordnet sind die Märkte nach allgemeinem Eingeständnis jedoch keineswegs, und zurzeit gibt es noch mehr Marktverwerfungen als üblich.

Doch wie sieht nun die Wertschöpfungskette konkret aus? Am Anfang steht nach dem Fundraising die Identifizierung der Zielunternehmen. Dieses Screening pot

enzieller Übernahmeziele, der Targets, vollzieht sich im Wesentlichen auf den drei Ebenen geografischer Markt, Branche und Einzelunternehmen (Abbildung 7).

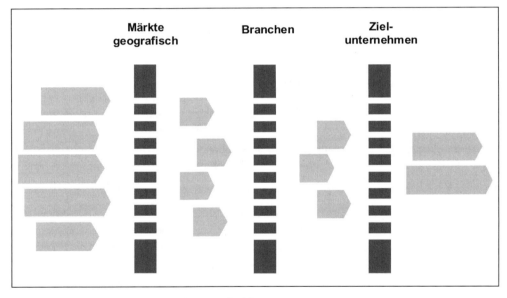

Abbildung 7: Screeningprozess (schematisch)

Zunächst werden je nach Ausrichtung und Größe des Fonds weltweit die interessanten Märkte identifiziert, und zwar interessant vor dem Hintergrund von Einstiegsmöglichkeiten und Entwicklungspotenzial. So war beispielsweise noch vor wenigen Jahren eine Reihe der bekannten Investoren wie zum Beispiel Flowers, Lone Star und Cerberus in seinerzeit krisengeschüttelten asiatischen Ländern aktiv, vor allem Japan und Korea.

Dem liegt eine gründliche makroökonomische Betrachtung zugrunde, wobei Faktoren wie politische Stabilität, Rechtssicherheit und Ähnliches eine wichtige Rolle spielen: So ist die Aktivität von Private Equity in entwickelten Märkten deutlich größer als in einigen heute angesagten.

Die Analyse führt dann zu einer positiven Entscheidung, wenn das Potenzial „nach oben" größer eingeschätzt wird als das Potenzial „nach unten", also insbesondere Unterbewertungen festgestellt werden.

Dafür bietet Deutschland ein gutes Beispiel. So ist auffällig, dass in den Jahren 2002 und 2003 fast gleichzeitig alle großen ausländischen Finanzinvestoren den deutschen Markt für sich entdeckt haben. Zu einem Zeitpunkt übrigens, als die inländischen Akteure, auch und gerade Banken, noch damit beschäftigt waren, vor allem Risiken zu vermeiden.

In dieser Zeit herrschte bei großen Finanzinvestoren die klare Einschätzung vor, dass man nach Deutschland gehen wolle, weil Deutschland geopolitisch, infrastrukturell und natürlich von der Größe her per se interessant sei, dass der Boden des seinerzeitigen konjunkturellen Tiefs erreicht sei und in vielen Bereichen erheblicher Nachholbedarf bestehe. Insbesondere der Immobilienbereich wurde als wenig professionell gesehen.

Auf der zweiten Ebene stehen die Branchen in den jeweiligen Zielmärkten. Neben den Opportunitäten stehen hierbei allerdings auch gewisse Vorlieben bzw. besondere Kompetenzen der einzelnen Finanzinvestoren im Vordergrund. So ist allgemein eine gewisse Konzentration auf Immobilien, den Automobilsektor und natürlich die Finanzindustrie festzustellen.

Flowers zum Beispiel ist stark bankenorientiert, wie man an den verschiedenen Investments ablesen kann, und Cerberus war neben Immobilien sehr auf den Automobilsektor ausgerichtet. Bei Lone Star hat sich ein gewisser Wandel vollzogen: ursprünglich kommt der Fonds aus dem Bereich Distressed Assets und Non-Performing-Loans. Hier zählt er sicherlich zu den Marktführern. Daraus entwickelte sich aber ein Schwerpunkt auf Banken mit Restrukturierungsbedarf, wie die Beispiele AHBR und IKB zeigen, aber auch Immobilien sind nach wie vor von Interesse.

VI. Wertschöpfung durch Management

Die entscheidende Wertschöpfung findet jedoch im dritten Schritt statt, auf der Ebene des Zielunternehmens selbst. Natürlich spielen die Bedingungen des Kaufs eine wichtige Rolle, die Rechnung geht aber nur dann auf, wenn der Turnaround mit dem Zielunternehmen gelingt. Dies ist der entscheidende Punkt, nämlich die konsequente Umsetzung einer zuvor als richtig erkannten Strategie bzw. des richtigen Geschäftsmodells.

Diese Konsequenz ist es auch, die Private Equity letztlich von anderen Aktionärsgruppen unterscheidet: Aus einem unternehmerischen Kalkül heraus werden auch strategische Risiken akzeptiert und ohne falsche Rücksichtnahme angegangen, wenn der potenzielle Ertrag dies sinnvoll erscheinen lässt – während sonst gerne die strategischen Risiken sehr betont werden und wenig Vertrauen in die eigenen Fähigkeiten besteht.

Die ehemalige AHBR, heute COREALCREDIT BANK, ist hierfür ein gutes Anschauungsobjekt. Das Kreditinstitut war eine klassische Hypothekenbank und damit eine Art Gemischtwaren-laden. Gewerbliches Finanzierungsgeschäft, Häuslebauerfinanzierungen, Staatskredit und Auslandsaktivitäten waren ohne klare Ausrichtung unter einem Dach zusammengefasst – wie bei allen anderen Hypothekenbanken seinerzeit auch. War schon diese Aufstellung nicht mehr marktgerecht, ist die Bank unter anderem durch extensive Zinsgeschäfte existenziell in Be-drängnis geraten und wurde Ende 2005/Anfang 2006 von einem Fonds der Lone-Star-Gruppe übernommen.

Neben einer konsequenten Bereinigung der Bücher bis an die Schmerzgrenze mancher Betei-ligter wurde in einer intensiven Diskussion, und zwar ohne Heerscharen von Beratern, das gewerbliche Finanzierungsgeschäft in Deutschland als die passende Marktorientierung identi-fiziert und die Bank konsequent darauf ausgerichtet. Das bedeutete unter anderem den Ver-kauf des Auslandsgeschäfts, den Verkauf von zehn Milliarden Euro Häuslebauer-finanzierungen, die konsequente Reduktion des Staatsfinanzierungsgeschäfts bei einer Hal-bierung der Bilanzsumme und letztlich auch der Mitarbeiterzahl.

Weitere Erfolgsfaktoren sind ein straffes Management mit in aller Regel neuen Managern aus dem Markt, eine zeitnahe Kommunikation zwischen Investor und Management sowie ein um-fassendes Reporting. Schließlich wird das Management auf die Ziele, die mit dem Zielunter-nehmen verfolgt werden, eingeschworen und entsprechend incentiviert (Abbildung 8).

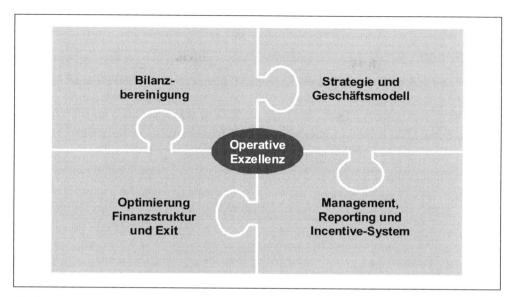

Abbildung 8: Quellen der Wertschöpfung mittels Management

Interessant ist in diesem Zusammenhang die Vorgehensweise einiger großer Finanzinvestoren, die, vor allem in den USA, beim Management sogar so weit gehen, dass sie auf der eigenen Gehaltsliste Manager für alle möglichen Aufgaben quasi vorhalten, also eine „management bench" einrichten. Darunter befinden sich Topmanager aus allen möglichen Branchen und mit unterschiedlichen Profilen, die für den Fall einer Neuakquisition sofort eingesetzt werden können.

Selbstverständlich gehört die Optimierung der Finanzstruktur des Zielunternehmens zu den wichtigen Werttreibern. Natürlich versuchen Finanzinvestoren, ihren Eigenkapitaleinsatz so weit wie möglich zu beschränken und dadurch die Eigenkapitalrendite zu optimieren. Dass es dabei Exzesse gibt, steht außer Frage, aber es ist auch eine Frage der Mentalität.

Der Chefstratege eines großen Finanzinvestors äußert in diesem Zusammenhang allerdings den Eindruck, gerade in Deutschland werde zu sehr in der Kategorie Hardware gedacht – also Produktion, Maschinen, Gebäude etc. – , während die sogenannte Software, also die Finanzstruktur, eher vernachlässigt werde.

Ob das angesichts der Finanzakrobatik einiger deutscher Großunternehmen so generell stimmt, kann man durchaus bezweifeln. Für den Immobilienbereich kann dies jedoch für eine nicht allzu ferne Vergangenheit durchaus noch gesagt werden, denn hier ging es den meisten Akteuren mehr um die Lage, um Steine und Zement, als um Cashflow und Mietverträge. Und bei Finanzinstituten, die durchaus im Fokus von Finanzinvestoren stehen, hat die Finanzstruktur infolge der hohen regulatorischen Anforderungen eine geringere Bedeutung als vielleicht bei Industrieunternehmen.

Große Aufmerksamkeit wird selbstverständlich von vornherein dem sogenannten Exit gewidmet, wobei die klassischen Formen wie Börsengang, Veräußerung, Fusion etc. zur Verfügung stehen. Auch hier darf die Situation der COREALCREDIT BANK als Anschauung gelten. Die Bank ist restrukturiert, hat den Turnaround geschafft und ist letztlich reif für einen Exit. Natürlich sind die gegenwärtigen Marktumstände nicht geeignet, um einen solchen Schritt jetzt schnell zu vollziehen, aber vom Zyklus des Investments her ist die Hauptarbeit aus der Sicht eines Finanzinvestors getan.

VII. Empirische Ergebnisse zur Wertschöpfung

Ohne Weiteres kann immer vermutet werden, dass diese wertschaffenden Faktoren nicht notwendigerweise spezifisch für Finanzinvestoren sind, sondern letztlich für jedes Unternehmen gelten. Wissenschaftliche Studien legen nahe, dass diese Managementansätze nicht so einfach übertragbar sind beziehungsweise übertragen werden.

Eine Untersuchung für das World Economic Forum kam etwa zu dem Ergebnis[7], dass Private-Equity-geführte Unternehmen in den ersten beiden Jahren nach Übernahme einen Produktivitätszuwachs von zwei Prozent erzielten. Dieser stammt zu etwa zwei Dritteln aus betrieblichen Verbesserungen und zu einem Drittel aus strategischen Maßnahmen in Form von Betriebserweiterungen und -schließungen.

Eine andere Studie des World Economic Forum ermittelte[8], dass Private-Equity-Unternehmen ein überdurchschnittlich gut organisiertes Management haben, vor allem im Vergleich zu Staats-, Familien- und gründergeführten Unternehmen. Die Analyse ergab zudem, dass die gemessene Managementqualität nach dreijähriger Private-Equity-Beteiligung besonders hoch war.

Schließlich zeigen auch indirekt die Aktivitäten von Private Equity im Finanzsektor, dass Verbesserungen im Management zu den wesentlichen Wertbringern gehören. Banken unterliegen strengen gesetzlichen Beschränkungen hinsichtlich ihres Verschuldungsgrades. Eine Optimierung der Kapitalstruktur scheidet daher als Hauptertragsquelle aus. Trotzdem beteiligten sich bereits mehrere Finanzinvestoren an Banken. Eine wissenschaftliche Analyse ergab[9], dass die erzielte Rendite in solchen Fällen beinahe vollständig aus Wertschöpfungsgewinnen und nur unwesentlich aus Timingeffekten stammte.

---

[7] Vgl. Davis, Steven/Haltiwanger, John/Jarmin, Ron/Lerner, Josh/Miranda, Javier (2009)
[8] Vgl. Bloom, Nicholas/Sadun, Raffaella/Van Reenen, John (2009)
[9] Vgl. Achleitner, Ann-Kristin/Kaserer, Christoph/Lahr, Henry (2009)

Diese Betrachtungen lassen übrigens auch Zweifel angebracht erscheinen, dass der in die Diskussion eingebrachte Vergleich von Finanzinvestoren mit Heuschrecken gerechtfertigt ist. Heuschreckenschwärme verwüsten gesunde Felder, während Finanzinvestoren umgekehrt in Distressed Assets investieren und ein gesundes Unternehmen auf die Beine stellen wollen. Wenn schon ein Vergleich mit dem Tierreich gesucht wird, dann ist eher das Bild der Geier-fonds, oder englisch „vulture funds", angemessen: Geier haben eine schlechte Publicity, ihre positive Rolle als Aasverwerter im ökologischen Kreislauf ist jedoch unumstritten.

VIII. Direkte Auswirkungen der Finanzkrise auf Finanzinvestoren

Wie eingangs geschildert, geht die Finanzmarktkrise an den Finanzinvestoren natürlich nicht spurlos vorüber. Insbesondere die Deals mit hohem Kredithebel der letzten Jahre dürften erst einmal der Vergangenheit angehören. Auch deswegen ist ein nicht unerheblicher Teil der ge-planten Transaktionen abgesagt worden.

Hiervon zu differenzieren ist jedoch die Auswirkung auf bestehende Private-Equity-Fonds. Für Private Equity gehört zum Unternehmensmanagement auch das bewusste Aussteuern der Kapitalstruktur. Um die Eigenkapitalrendite der Übernahmeobjekte zu verbessern, wird daher in der Regel auch deren Krediteinsatz optimiert. In Zeiten niedriger Zinsen und geringer Si-cherheitsanforderungen führte dies dazu, dass der Fremd- oder Hybridkapitaleinsatz meist ausgebaut wurde.

Dies erfolgt auf Ebene des Unternehmens in Form von eher langfristigen Darlehen, auch und gerade über den Investmenthorizont des Private-Equity-Fonds selbst hinaus. Bereits seit einiger Zeit bestehende Private-Equity-Fonds sollten daher in den gehaltenen Unternehmen mehr oder weniger durchfinanziert sein.

Falls eine Neustrukturierung des Kapitals auf Unternehmensebene erst noch anstand, sollte der reduzierte Effekt aus einem geringeren Kredithebel zu verschmerzen gewesen sein, da schließlich Managementverbesserungen zeitlich eher auf der Agenda standen und damit of-fensichtlich wichtiger gewesen waren.

Die Finanzkrise hat somit Auswirkungen, allerdings weniger fundamental als oft vermutet. Eine Befragung von Private-Equity-Gesellschaften Ende 2008 kam für diese Investorengruppe em-pirisch zu ähnlichen Ergebnissen[10]. Die Finanzkrise hatte bereits zu diesem Zeitpunkt dem-nach bei fast sechs von sieben Befragten Auswirkungen auf ihre Geschäftstätigkeit, verschlechterte Kreditkonditionen waren hingegen nur für etwas weniger als die Hälfte rele-vant.

---

[10] Vgl. PwC PriceWaterhouseCoopers (2009)

Wertverluste eines ihrer Investments seit Mitte 2007 sahen zu diesem Zeitpunkt nur vier von sieben; wie eingangs angeführt, hat jedoch mittlerweile eine Vielzahl von Investments in dieser Zeit nicht unerheblich an Wert verloren, mehr noch aus dem Blickwinkel der Anleger, was eben in hohen Abschlägen am Sekundärmarkt zum Ausdruck kommt.

IX. Strategische Herausforderungen für Private Equity

Die Finanzkrise dürfte für die meisten Finanzinvestoren damit kurzfristig zumindest aus Finanzierungssicht nicht direkt existenzgefährdend sein. Mittel- bis langfristig hat sie jedoch insbesondere für Private Equity Auswirkungen, die sowohl Risiken als auch Chancen beinhalten.

Auf die bestehenden Investments von Private-Equity-Fonds wirkt sich erschwerend aus, dass die typischen Exitkanäle derzeit weitgehend versperrt sind. Auch wenn der Investmenthorizont mehrere Jahre beträgt: das Geschäftsmodell zielt auf einen abschließenden Verkauf der Unternehmensbeteiligung. Die früher oft genutzten Börsengänge sind jedoch seit Beginn der Finanzkrise de facto nicht mehr möglich, und strategische Investoren halten sich aufgrund der Unsicherheiten oder auch der Akquisitionsfinanzierung zurück. Der Exitzeitpunkt wird sich daher verzögern, die entscheidende Gesamtrendite sinkt.

Für zukünftige Investitionen wird eine Rolle spielen, dass die Eigenkapitalanforderungen und Margenerwartungen der Fremdkapitalgeber steigen werden. Dies lässt erwarten, dass die Renditen für Private Equity gegenüber denen von Mitte dieses Jahrzehnts niedriger ausfallen werden. Der Fokus wird sich somit aller Voraussicht nach auf Anlageobjekte richten, bei denen die Wertsteigerung aus Managementverbesserungen kommt, oder bei denen Zugeständnisse von den bisherigen Kapitalgebern gemacht werden, die auf diese Weise einen Totalverlust vermeiden können.

Ganz allgemein kann weiterhin auch die staatliche Regulierung zunehmen beziehungsweise erst richtig entstehen. Bisher stand bei der Zugangsbeschränkung auf institutionelle Investoren der Anlegerschutz im Zentrum der rechtlichen Überlegungen.

Es ist jedoch nicht auszuschließen, dass insbesondere aufgrund einer unzulässigen Vermischung von Private Equity und Hedge-Fonds weitere Beschränkungen für Finanzinvestoren erlassen werden, die sich auf ihr eigenes Anlageverhalten beziehen[11]. Da es hierfür letztlich keinen gemeinsamen Nenner gibt, würde dies mit detaillierter Regulierung jedweder Anlage- und Unternehmertätigkeit einhergehen. Das Ergebnis der politischen Diskussion hierüber wird daher einiges über die zukünftige Ausgestaltung unseres Wirtschaftssystems allgemein aussagen.

---

[11] Vgl. Berschens, Ruth (2009)

X. Perspektiven für Finanzinvestoren

Diesen absehbaren Hindernissen stehen gerade in der Finanzkrise auch große Chancen gegenüber. In der Finanzbranche selbst, aber auch wegen der resultierenden Wirtschaftskrise in den anderen Marktsegmenten bieten sich attraktive Investitionsmöglichkeiten gerade für Private Equity.

Denn ein neuer, auf Unternehmensfragen fokussierter Eigentümer bietet sich geradezu an, wenn die bisherigen Eigner den notwendigen Turnaround nicht selbst stemmen können – sei es mangels finanzieller Mittel, sei es mangels der Möglichkeit oder Fähigkeit zum konsequenten Durchgreifen im Management (Abbildung 9).

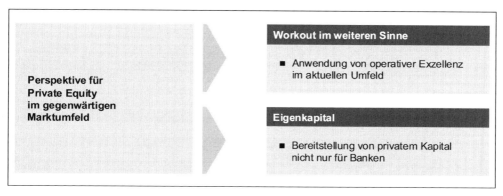

Abbildung 9: Perspektiven für Finanzinvestoren in der aktuellen Krise

Hier kann Private Equity als Problemlöser mit Kapitaleinsatz und Restrukturierungswissen letztlich der Garant für eine betriebswirtschaftlich ordentliche Lösung sein. Neben der Flexibilität und Anpassungsfähigkeit dieser Branche sind ihre operative Stärke insbesondere bei der Umsetzung und die Problemlösungskompetenz von Vorteil. Und dies in einer Zeit, in der die Marktverwerfungen so groß sind wie noch nie.

Die Krise mit ihren Begleiterscheinungen wie notleidende Portfolios, Insolvenzen, Bewertungsabschlägen, Versagen von Geschäftsmodellen und Ähnlichem mehr bietet ein weites Betätigungsfeld für Turnaround- und Restrukturierungsspezialisten. Dabei geht es weniger um die Beratungs-, sondern vor allem um die operative Seite. In diesem Zusammenhang fallen sicherlich auch die Vielzahl staatlicher Beteiligungen, Bad Banks und ähnliche Notmaßnahmen, für die es noch keine Lösungen gibt.

Der zweite Bereich, fast noch der bedeutendere, in dem Beteiligungsunternehmen künftig eine Rolle spielen können, ist das Eigenkapital. Der Faktor Eigenkapital wird künftig eine überragende Bedeutung bekommen, und das nicht nur bei Banken.

Angesichts der Probleme, den Kapitalmarkt in Anspruch nehmen zu können, öffnet sich ein erhebliches Potenzial für privates Kapital, das durch Beteiligungsgesellschaften zur Verfügung gestellt wird. Wir stehen hier erst am Beginn einer Diskussion, die sich bislang auf die Forderung beschränkt, dass mehr Kapital, und zwar echtes Risikokapital, zur Verfügung gestellt werden muss, dass aber die Konsequenzen, wie zum Beispiel die Kosten, noch nicht zu Ende gedacht sind.

Darüber hinaus werden die Private-Equity-Fonds als alternative Investments attraktiv bleiben in einem Umfeld, in dem zum Beispiel Banken ihre Renditeversprechen infolge höherer Eigenkapitalunterlegung und geringerem Hebel zwangsläufig zurücknehmen müssen. Derjenige, der künftig ein Risiko nehmen kann und entsprechende Prämien durchsetzt, wird auch künftig sein Betätigungsfeld finden. Umso mehr, als dass hier eine wirkliche Marktbereinigung unter den Fonds möglich ist, da niemand über Systemrelevanz und Stützung diskutiert.

Insgesamt kann somit vermutet werden, dass die Finanzinvestoren, die derzeit sicherlich vor großen Herausforderungen stehen, mit am schnellsten in der Lage sein werden, sich den veränderten Verhältnissen anzupassen und die Chancen, die jede Krise bietet, nutzen.

Literaturverzeichnis

Achleitner, Ann-Kristin/Kaserer, Christoph/Lahr, Henry (2009): Private Equity in der Krise?, in: Zeitschrift für das gesamte Kreditwesen, 8/2009, S. 364–367.

Achleitner, Ann-Kristin/Kaserer, Christoph (2005): Private Equity Funds and Hedge Funds: a Primer, Working Paper No. 2005-03, Center for Entrepreneurial and Financial Studies, München 2005.

Berschens, Ruth (2009): Fondsrichtlinie in der Kritik, in: Handelsblatt, 21. August 2009.

Bloom, Nicholas/Sadun, Raffaella/van Reenen, John (2009): Do Private Equity-owned Firms have Better Management Practices?, in: The Global Economic Impact of Private Equity Report 2009, S. 3–23, Genf/New York 2009.

BVK und KfW-Bankengruppe (2009): German Private Equity Barometer – 2. Quartal 2009, Frankfurt 2009.

Davis, Steven/Haltiwanger, John/Jarmin, Ron/Lerner, Josh/Miranda, Javier (2009): Private Equity, Jobs and Productivity, in: The Global Economic Impact of Private Equity Report 2009, S. 27–43, Genf/New York 2009.

Ernst & Young (2009): Private Equity 2009: Der Transaktionsmarkt in Deutschland, Eschborn 2009.

Landgraf, Robert (2009): Private-Equity: Auf der Suche nach Auswegen, in: Handelsblatt vom 9. September 2009.

McGardy, Colin/Heffern, Brad (2009): Secondary Pricing Analysis – Interim Update, Summer 2009, Cogent Partners, Dallas 2009.

Paul, Holger (2009): Das deutsche Beteiligungsgeschäft liegt danieder, in: Frankfurter Allgemeine Zeitung, 17. Juli 2009.

PwC PriceWaterhouseCoopers (2009): Private Equity: Geschäftsmodell auf dem Prüfstand, Pressemeldung vom 18. Dezember 2008.

Volksbanken und Raiffeisenbanken in der Finanzmarktkrise – Stabile Partner in den Regionen

Uwe Fröhlich

Präsident
Bundesverband der Deutschen
Volksbanken und Raiffeisenbanken e. V.

Zur aktuellen Finanzmarktkrise sind schon viele richtige Kommentare, Erläuterungen und Be-schreibungen vorgenommen worden. Im Folgenden gilt es herauszuarbeiten, wo gerade auch die genossenschaftliche Bankengruppe Hausaufgaben zu erledigen hat. Denn natürlich sind diese turbulenten Zeiten auch an ihr nicht spurlos vorübergegangen. Aber sie hat einen Grundstock an Werten und Gütern, mit denen sie – wenn sie sie richtig nutzt und wirklich überzeugend lebt – in der Lage sein wird, nicht nur diese Krise, sondern auch die nächsten Krisen überzeugend zu bewältigen.

Warum ist also derzeit die öffentliche Meinung über die Banken und die „Banker" so schlecht?

Wir erkennen das Unverständnis darüber, dass einerseits Fehlleistungen und Fehlentwicklun-gen der Banken vom Staat aufgefangen werden mussten. Andererseits geben sich diese Insti-tute nun vermeintlich undankbar, indem sie beispielsweise nach wie vor hohe Dispozinsen fordern oder trotz 1 % EZB-Darlehen nicht in der Lage scheinen, ihre „Schuld", gegenüber den Bankkunden und Steuerzahlern zurückzuzahlen.

Der genossenschaftliche FinanzVerbund definiert sich diesbezüglich grundlegend anders. Das gilt für seine Ansätze zur Problemlösung, aber gerade auch für sein Verhältnis zum Staat.

I. Grundwerte des genossenschaftlichen FinanzVerbundes

Abbildung 10: Aktuelle Werbelinie der Genossenschaftsbanken

Die aktuelle Werbelinie der Genossenschaftsbanken „Jeder Mensch hat etwas, das ihn antreibt – wir machen den Weg frei" basiert auf einem altbekannten Slogan. Neu ist die Definition des „Antriebs" aus der Sicht der Kunden, die bei der Verwirklichung ihrer Wünsche und „Antriebe" Unterstützung ihrer Volksbank und Raiffeisenbank suchen und finden.

Unsere Tradition
Selbsthilfe – Selbstverantwortung – Selbstverwaltung

Hermann Schulze-Delitzsch
1808-1883

Friedrich Wilhelm Raiffeisen
1818-1888

Abbildung 11:   Gründer des Genossenschaftswesens in Deutschland

Was aber treibt die genossenschaftliche Bankengruppe an? Sie beruft sich auf die Gründervä-ter des Genossenschaftswesens in Deutschland, Hermann Schulze-Delitzsch und Friedrich Wilhelm Raiffeisen. Bis vor zwei Jahren erblickte man bei Nennung dieser beiden Namen bes-tenfalls gelangweilte Gesichter, denn diese traditionellen Wurzeln galten als althergebracht und schlicht unmodern. Zwischenzeitlich hat die Finanzmarktkrise deutlich gezeigt, dass die Gedanken von Selbsthilfe, Selbstverantwortung und Selbstverwaltung heute aktueller sind denn je. Selbst internationale Großbanken stellen sich die Frage, was eigentlich nachhaltiges Bankgeschäft ausmacht und darüber, wie Gegenmodelle zu den angloamerikanisch geprägten Bankentypen aussehen könnten. Dabei gilt es umso mehr aufzupassen, dass diese Gegen-modelle nicht quasi als Kollateralschäden der Finanzkrise sogar noch Schaden nehmen. Denn es besteht eindeutig die Gefahr, dass die dezentralen Verbünde in Deutschland, also die Sparkassen und die Genossenschaftsbanken, im Rahmen des großen regulatorischen Rund-umschlages und der Aktivitäten, die möglicherweise auf G20-Ebene entschieden werden, zu den Benachteiligten dieser Reformen zählen werden und dass sie im schlechtesten Fall nicht mehr in der Lage sein werden, ihr Geschäftsmodell so weiterzuführen.

Die genossenschaftlichen Werte – Stabilität, Sicherheit, Nähe, Konstanz, Verlässlichkeit – machen den genossenschaftlichen FinanzVerbund aus. Das, was ihn von anderen unterscheidet, ist in der Tat die Rechtsform der Genossenschaft und damit auch das Thema Mitgliedschaft, die Subsidiarität, die in § 1 Genossenschaftsgesetz niedergelegt ist. Denn wozu gibt es überhaupt Kreditgenossenschaften? Zur Förderung ihrer Mitglieder, nicht zur Renditemaximierung oder zur Eigenkapitalrentabilitätsmaximierung der Bank. Das klingt schöngeistig, ist aber eine ganz wesentliche Grundvoraussetzung für die Existenz der Volksbanken und Raiffeisenbanken im Unterschied zu anderen Bankengruppen. Daneben stehen die regionale Verwurzelung, ein starker FinanzVerbund und natürlich auch die Mitarbeiter, die dazugehören, um diese Werte auch im täglichen Umgang mit dem Kunden zu leben.

Es ist nicht nur ein Ziel, sondern auch eine Verpflichtung: Die Volksbanken und Raiffeisenbanken wollen anders sein, als die großen Geschäftsbanken im Kundengeschäft. Auch sie haben lange Zeit interessiert darauf geblickt, wie dort Vertriebsstrukturen aufgebaut worden sind und wie erfolgreich diese sich auf die Provisionsergebnisse auswirkten. Sie mündeten in Überlegungen, wie in den Volksbanken und Raiffeisenbanken eine „genossenschaftliche Vertriebskultur" erzeugt werden kann, welche gleichzeitig der Glaubwürdigkeit der Gruppe bei der Umsetzung ihrer genuinen Werte Rechnung trägt. Es muss also sichtbar werden, dass die Nachhaltigkeit, also nicht das Einzelproduktgeschäft sondern die Geschäftsbeziehung über viele Jahre oder sogar Generationen hinweg, im Vordergrund steht. Das Kundengeschäft der Volksbanken und Raiffeisenbanken funktioniert nur, wenn die Mitarbeiter die genossenschaftlichen Werte tatsächlich verinnerlicht haben und vorleben. Es geht also nicht darum, die vertriebsstärksten Mitarbeiter zu haben, sie müssen auch wissen, für wen und für was sie eigentlich arbeiten.

Ein weiterer „Glaubenssatz" der Gruppe, den man nicht oft genug wiederholen kann: Der kritische Erfolgsfaktor für die Zukunft des genossenschaftlichen FinanzVerbundes liegt nicht in der Bilanz der Zentralbanken oder Verbundunternehmen. Es ist ganz klar der Erfolg der aktuell 1.197 Kreditgenossenschaften. Diesem Credo muss sich letztlich alles andere unterordnen. Im Verbund wird häufig über Verbesserungspotenziale innerhalb der Gruppe diskutiert, und das ist zweifelsohne richtig und wichtig. Aber klar ist auch, dass ihr Erfolg ganz entscheidend von der Autonomie der 1.197 unabhängigen Universalbanken abhängt und eben nicht in einem beispielsweise aus den Niederlanden importierten Rabobank-Modell liegt, bei dem man viele Kompetenzen an eine Zentrale abgibt und versucht, eine klare Konzernstrategie umzusetzen. Das würde eine Menge an Kreativität kosten, eine Menge Erfolg auf Ebene der Ortsbanken und eine Menge an Glaubwürdigkeit.

Natürlich ist auch das dezentrale System nicht frei von Spannungsfeldern. Allein die Intensität, mit der über die Erlösströme innerhalb dieses arbeitsteiligen Verbundes diskutiert wird, zeigt, dass er sich in einem kreativen Prozess immer wieder auch diese Gerechtigkeitsfragen stellen muss. In diesem Zusammenhang kommt natürlich den Verbänden eine entsprechende Rolle zu.

Neben der Rechtsform der Genossenschaft wird der genossenschaftliche Verbund auch durch die BVR-Sicherungseinrichtung zusammengehalten, und dies seit über 70 Jahren sehr erfolgreich. Als Lehre aus der Finanzmarktkrise wurde diese Sicherungseinrichtung und ihr Statut hinsichtlich der Beitragsbemessung weiterentwickelt und vor wenigen Tagen in Köln mit großer Mehrheit reformiert. Die Neuregelungen beinhalten zum Beispiel, dass nun auch Adressrisiken aus dem Depot A in die Bemessungsgrundlage für den Beitrag zur Sicherungseinrichtung einfließen, nicht mehr nur klassisch die Kreditrisiken.

Die Institutssicherung durch die BVR-Sicherungseinrichtung ist aber auch Objekt von Begehrlichkeiten außerhalb des Verbundes. Auch viele Politiker verstehen nicht, wie es den Kreditgenossenschaften immer noch gelingt, unabhängig zu bleiben und die Probleme aus der Finanzmarktkrise tatsächlich aus eigener Kraft zu bewältigen. Denn der genossenschaftliche FinanzVerbund ist mittlerweile die einzige Bankengruppe in Deutschland, die ohne staatliche Hilfe überlebt. Das ist natürlich ein ganz wesentliches Asset und gleichzeitig ein Wettbewerbskriterium.

Viele Vertreter von Geschäftsbanken, aber auch Politiker, treten relativ deutlich dafür ein, die Einlagensicherungssysteme zu harmonisieren. Viele wünschen sich eine Lösung ähnlich dem amerikanischen System FDIC, einer Behörde, die die staatliche Einlagensicherung verwaltet und gleichzeitig Funktionen der Bankenaufsicht übernimmt. Das in Deutschland umzusetzen würde allerdings bedeuten, dem „moral hazard" enormen Vorschub zu leisten. Denn warum sollte eine Genossenschaftsbank Beiträge bezahlen für ein Geschäftsmodell einer Landesbank oder eines nach Private-Equity-Regeln geführten Unternehmens? Alle Beitragszahler der BVR-Sicherungseinrichtung sind dagegen einem homogenen Geschäftsmodell verpflichtet und untereinander keine Wettbewerber im klassischen Sinn, anders als dies zum Beispiel bei den im BdB organisierten Banken der Fall ist. Wenn dort über Beitragserhöhungen nachgedacht wird, tragen miteinander im Wettbewerb stehende Institute die Probleme ihrer Konkurrenten mit. Das gilt für die Genossenschaftsbanken nicht in dem Maße, sie sind eine Vertriebs- und Risikogemeinschaft. Deshalb ist es für sie von ungeheurer Bedeutung, das System der privaten Einlagensicherungssysteme in dieser Form aufrecht zu erhalten. Das gilt auch vor dem Hintergrund, dass ohne dieses System gerade die kleinen Banken argumentativ einen Wettbewerbsnachteil zu befürchten hätten. Denn die BVR-Sicherungseinrichtung stellt durch ihren Institutsschutz jede noch so kleine Volksbank oder Raiffeisenbank praktisch mit der einer systemrelevanten Bank gleich, zumindest was die Sicherheit der Einlagen anbetrifft.

Der FinanzVerbund hilft sich selbst, und das nicht zuletzt aufgrund der Gedanken und Ideen von Hermann Schulze-Delitzsch und Friedrich Wilhelm Raiffeisen. Innerhalb der Gruppe wurden klar die Vor- und Nachteile eines Gangs zum SoFFin abgewogen, um dort beispielsweise Depot-A-Risiken der DZ BANK abzufedern. Jedoch: Alle diese Leistungen, über die der SoFFin am Ende entscheidet, stellen europarechtliche Beihilfetatbestände dar, die entsprechend zu genehmigen wären – siehe WestLB oder Commerzbank. Vor dem Hintergrund müsste sich auch die genossenschaftliche Gruppe die Frage gefallen lassen, wo der Beitrag der Eigentümer zur Konsolidierung wäre. Schnell wären in diesem Fall zum Beispiel die genossenschaftlichen Verbundunternehmen Objekte der Begierde. Dies würde unmittelbar die Geschlossenheit und das funktionierende Allfinanzkonzept des Verbundes gefährden. Hierin liegt eine wesentliche Kernmotivation, in diesem Fall wiederum auf das bewährte Prinzip der Selbsthilfe zurückzugreifen und zu versuchen, alle auftretenden Krisenfälle nach Möglichkeit durch die Solidarität der Mitglieder zu lösen. Naturgemäß wird das im Einzelfall immer auch als ungerecht gegenüber den einzelnen Mitgliedern der Sicherungseinrichtung empfunden werden können. Aber der Nutzen für den Gesamtverbund steht außer Frage.

II.   Die wirtschaftliche Entwicklung der Volksbanken und Raiffeisenbanken

Die wirtschaftliche Entwicklung der Genossenschaftsbanken in der Finanzmarktkrise ist bekannt. An dieser Stelle sei nur darauf hinweisen, dass es auch im letzten Jahr gelungen ist, etwa 200.000 neue Mitglieder zu gewinnen – insgesamt verfügen die Kreditgenossenschaften damit über 16,2 Mio. Mitglieder, also Eigentümer. Die aggregierte Bilanzsumme auf Ortsbankenebene liegt bei rund 670 Mrd. €. Die durchschnittliche Größe der Genossenschaftsbanken wächst kontinuierlich und liegt aktuell bei 550 Mio. €. Diese Zahl zeigt auch die gewaltige Heterogenität der Gruppe. Die größte Genossenschaftsbank hat rund 40 Mrd. € Bilanzsumme, die kleinste noch nicht einmal 100 Mio. €.

	Bestände		Veränderungen	
	Dez 08	Dez 07	Dez 08/Dez 07	
Bilanzsumme in Mio. €	668.473	632.142	36.331	5,7%
Anzahl Kreditgenossenschaften	1.197	1.232	-35	-2,8%
Anzahl Zweigstellen	12.389	12.393	-4	0,0%
Anzahl Bankstellen	13.586	13.625	-39	-0,3%
Mitglieder	16.223.819	16.085.687	138.132	0,9%

Abbildung 12:   Strukturzahlen Volks- und Raiffeisenbanken zum 31.12.2008

Zur Geschäftsentwicklung bis zur Mitte des Jahres 2009 lässt sich sagen, dass es gelungen ist, Einlagen in beträchtlichem Umfang zu gewinnen. Grund dafür ist sicherlich das genossenschaftliche Geschäftsmodell, denn diese Einlagen wurden generiert obwohl die Institute gerade nicht Konditionsführer sind und sich teilweise mit harten Wettbewerbsangeboten auseinander setzen müssen. Daneben wächst auch das Kreditgeschäft, hier ist die Gruppe im ersten Halbjahr 2009 nach wie vor Marktführer, mehr noch: Sie wächst weiter gegenüber den Wettbewerbern und gewinnen signifikant an Marktanteilen, auch wenn man dies natürlich mit der gebotenen Vorsicht beobachten muss. In Zeiten der konjunkturellen Krise im Kreditgeschäft zu wachsen erfordert einen gewissen Mut. Andererseits können die Ortsbanken deutschlandweit im Rahmen des aktuellen Deleveraging-Trends der Wettbewerber derzeit eine gewisse Auswahl der Adressen treffen.

Die Struktur des Eigenkapitals der Ortsbankenebene zum Jahresende ruft durchaus auch bei der Bankenaufsicht Anerkennung hervor, ist es doch gelungen, auch im Krisenjahr 2008 Kernkapital und Eigenkapital aufzubauen und zwar knapp 50 Mrd. € haftendes Eigenkapital mit einer Kernkapitalquote von 10,6 % und einem Solvabilitätskoeffizienten von 14,2 %

	2008	2007	2006	2005	2004	2003
Eigenkapitalausstattung						
Kernkapital in Mrd. Euro	36,5	35,1	32,7	32,1	28,8	27,7
Ergänzungskapital in Mrd. Euro	19,1	18,8	17,4	16,1	15,3	14,6
Haftendes Eigenkapital (HEK) in Mrd. Euro	49,3	48,8	44,3	45,2	42,1	40,3
Solvabilitätskennzahlen						
Kernkapitalquote in %	10,6	9,4	9,1	9,1	8,3	8,0
Solvabilitätskoeffizient (GKZ, Eigenmittelquote) in %	14,2	12,8	12,2	12,7	12,0	11,6

Abbildung 13:   Struktur des Eigenkapitals der Volks- und Raiffeisenbanken zum 31.12.2008[1]

Betrachtet man den FinanzVerbund insgesamt, also inklusive der Zentralbanken und Verbundunternehmen, die auch dem Bankenaufsichtsrecht unterliegen, relativiert sich das etwas. Hier erreicht die Gruppe eine Kernkapitalquote von knapp 8 % und eine Gesamtkennziffer von 12,3 %. Doch auch diese Quoten müssen – selbst vor dem Hintergrund der aktuellen G20-Beschlüsse – keine Sorgen machen. Nichtsdestotrotz gilt es in diesem Zusammenhang herauszustellen, dass auch solche Beschlüsse den einzelnen Ländern die Chance eröffnen müssen, die Regelungen für ihre Bedürfnisse differenziert umzusetzen. Dass das Bemühen darum vorhanden ist, sieht man schon daran, dass die Unterhändler bestrebt sind, die angedachte Verdoppelung der Quoten nicht in den offiziellen Papieren erscheinen zu lassen.

Neben der geplanten signifikanten Erhöhung der Eigenkapitalanforderungen geht es in Pittsburgh aber auch um eine Veränderung in der Qualifizierung des Eigenkapitals, und das ist die eigentliche Bedrohung, der sich das deutsche Bankensystem gegenübersieht. Insbesondere würde es im Falle des FinanzVerbundes die Zentralbanken DZ BANK und WGZ BANK empfindlich treffen, wenn Hybridkapital nicht mehr als Eigenkapital gerechnet werden dürfte. Und die negative Auswirkung für den Sparkassensektor wäre noch wesentlich größer, da hier der Anteil des Hybridkapitals beispielsweise bei den Landesbanken etwa bei 40-42 % liegt. Perspektivisch ergibt sich daraus eine gewaltige Herausforderung, insbesondere, wenn man nicht

---

[1] Hinweis: Positionen bis 2007 gemäß Grundsatz I, ab 2008 gemäß Solvabilitätsverordnung (SolvV); Berichtskreis ohne TeamBank. Quelle: Konsolidierter Jahresabschluss des genossenschaftlichen FinanzVerbundes, Monatl. Bilanzstatistik u. Bankenstatistik der Deutschen Bundesbank.

über einen direkten Kapitalmarktzugang verfügt. Für die Genossenschaftsbanken gibt es darüber hinaus noch rechtsformspezifische Aspekte, die in den Überlegungen der G20 reflektiert werden müssen. Hier besteht die Hoffnung, dass die Bundesregierung tatsächlich umsetzt, was nun in den vorbereitenden Papieren steht. So wird aktuell eine Forderung diskutiert, dass zum Kernkapital in Zukunft zählen soll, was auch aktiv an potenziellen Verlusten teilnimmt („loss absorbing capital"), was auch die Genossenschaftsanteile beinhaltet. Dies ist im Übrigen auch ein Verdienst der Anstrengungen, Genossenschaften bzw. Genossenschaftsbanken in Schwellenländern zu fördern. Denn es ist in der Tat nicht einfach, US-Amerikanern oder Briten den deutschen Bankensektor und das Genossenschaftswesen an sich zu erklären. Doch gerade in Ländern wie Indien oder Brasilien sind genossenschaftliche Organisationsformen sehr verbreitet, was dazu führt, dass deren grundsätzliche Förderungswürdigkeit anerkannt wird. Dies muss sich dann auch hinsichtlich der regulatorischen Anforderungen in entsprechenden Formulierungen niederschlagen.

III. Wirtschaftliche und regulatorische Herausforderungen

Ohne Frage werden die nächsten 24 Monate extrem schwer. Wir leben in Wahlzeiten – doch selbst wenn bereits das Ende der Rezession ausgerufen wurde und der Wirtschaftsaufschwung angeblich kurz vor der Tür steht, wird die Binnenkonjunktur als Motor der wirtschaftlichen Entwicklung voraussichtlich stark einbrechen. Nicht zuletzt aufgrund der zunehmenden Arbeitslosigkeit. Es besteht die Hoffnung, dass gegenläufige, positive Impulse aus dem Exportgeschäft zurückkommen werden, die den Einbruch etwas abschwächen werden.

Hinsichtlich der Kreditrisiken in der genossenschaftlichen Bankengruppe in den Jahren 2009 und 2010 besteht Zuversicht, dass dies kein auffälliges Thema werden wird. Zwar werden sicherlich auch in den Büchern der Volksbanken und Raiffeisenbanken in größerem Umfang Kreditrisiken ankommen, gerade im schwierigen Jahr 2010. Die Banken werden aber die Freiräume, die sie aufgrund ihrer ausgesprochen guten Ertragslage aktuell haben, nutzen, um entsprechende Reserven zu schaffen. Das Jahr 2009 hingegen gestaltet sich sowohl was die Marktanteile, als auch was das konkrete Ergebnis angeht, aktuell durchaus erfreulich – wenn denn das Außenumfeld stabil bleibt. Noch einen „Fall Lehman" kann natürlich niemand verkraften. Aber wenn sich die aktuelle Entwicklung weiter fortsetzt, kann der genossenschaftliche FinanzVerbund mit dem Jahr 2009 durchaus zufrieden sein.

Das Handelsblatt titelt am 10. September 2009: „Eine neue, schwierige Welt". In dem Artikel geht es um zukünftige Geschäftsmodelle der Banken und um Renditeansprüche in Zeiten der Finanzkrise. Nun kann man mit klassischem Retailbanking Eigenkapitalrenditen zwischen 6-8 % erwirtschaften, nicht aber von 25 %. Wer solche Ergebnisse erzielen will, muss sich die

Frage nach dem „wie" gefallen lassen. Auch muss die Frage erlaubt sein, wie weit sich die Finanzwirtschaft von der Realwirtschaft und der dahinter stehenden Wertschöpfung entfernt.

Unter dem Strich bleibt dabei die Feststellung, dass es weltweit ein Überangebot an Finanzdienstleistungen gibt. Deshalb gibt es gerade nicht nur eine Finanzmarktkrise, sondern auch eine Strukturkrise in der Finanzwirtschaft, ganz ähnlich wie in der Automobilindustrie und dem Handel. Wenn man aber auf Dauer eine gesunde Bankenlandschaft erhalten will, dann müssen auch Teilnehmer aus dem Markt ausscheiden können. Es muss erlaubt sein, wenn bestimmte Geschäftsmodelle nicht funktionieren und keine Erträge erwirtschaften, dass diese Marktteilnehmer – schonend für das Gesamtsystem – aus dem Markt abgewickelt werden. Aktuell hingegen werden Schwache mithilfe der staatlichen Unterstützungsleistungen überlebensfähig gemacht, womit die überfällige Strukturbereinigung des deutschen Bankenmarktes verhindert wird. Solange diese aber nicht stattfindet, wird der brutale Verdrängungswettbewerb über die Kundenkonditionen weitergehen. Das ist eine gewaltige Herausforderung für die genossenschaftliche Bankengruppe, denn auch wenn es für sie momentan scheinbar gut läuft, muss sie sich genau diesem Verdrängungswettbewerb stellen. Das ist eine zentrale Botschaft an alle Vorstände von Volksbanken und Raiffeisenbanken: Sie dürfen sich nicht in Sicherheit wiegen angesichts des momentanen Erfolges. Die Zukunft wird grausam, denn die Politik unterstützt gerade die international tätigen Geschäftsbanken und potenziellen „nationalen Champions", und befördert das mit positiven Rahmenbedingungen. Sparkassen und Genossenschaftsbanken hingegen müssen sich außerordentlich anstrengen, um zu zeigen, dass sie es auch aus eigener Kraft schaffen.

Betrachtet man vor diesem Hintergrund die Geschäftsfeldrechnung der Kreditgenossenschaften für 2008 stellt man fest, dass im Privatkundengeschäft ein Deckungsbeitrag III von 3,7 Mrd. € erwirtschaftet wurde, dem gegenüber aber ein Kostenblock allein der geschäftsfeldbezogenen Kosten von 6,2 Mrd. € steht. Das heißt, in dem Geschäft, in dem der größte Konditionskampf herrscht, liegen die größten Kostenblöcke. Dasselbe kann man für die Sparkassen unterstellen. In dieses Feld müssen also größte Anstrengungen gelegt werden, um die dauerhafte Wirtschaftlichkeit sicherzustellen.

Auch die so genannten „Overheadkosten", also Kostenpositionen, die nicht direkt einzelnen Kundengeschäftsfeldern zugewiesen werden können, stellen einen enormen Posten dar. Diese Summe ist natürlich der gewollten dezentralen Struktur der genossenschaftlichen Gruppe geschuldet. Dennoch gibt es gewaltige Synergiepotenziale auf zentraler Seite, so bei den Rechenzentralen, bei den Zentralbanken und nicht zuletzt bei den Hypothekenbanken, über deren Hebung letztlich nur die Eigentümer dieser Unternehmen entscheiden können. Darüber hinaus gibt es auch auf Ortsbankenebene erhebliche Einsparungspotenziale, beispielsweise beim Umgang mit Aufwendungen in der Marktfolge im Sinne von Produktionseffizienz. Daneben steht die Erhöhung der Prozesseffizienz in den einzelnen Häusern, die ggf. auch in Zusammenarbeit über Servicegesellschaften münden können.

Neben den wirtschaftlichen Rahmenbedingungen stehen die regulatorischen Herausforderungen, von denen einige schon angeklungen sind. Hier belastet die dezentralen Verbünde insbesondere die aktuelle Gesetzgebung zum Verbraucherschutz, wie zum Beispiel der Schildbürgerstreich bei der telefonischen Beratung: Eine Woche Spekulationsfrist für den Anleger zulasten der Bank ist natürlich für den Verbraucher angenehm, zeigt aber deutlich, dass eine verantwortungsvoll geführte Bank ab dem 1. Januar 2010 eigentlich keine telefonische Beratung mehr anbieten kann, wenn sie nicht jedes Gespräch aufzeichnet. Aber auch die Frage des Beratungsprotokolls ist wie viele andere Dinge hektisch vor der Bundestagswahl verabschiedet worden, ohne über die Ausführungsbestimmungen nachzudenken. Es wäre illusionär zu glauben, solche Regelungen könnten von heute auf morgen IT-technisch umgesetzt werden, hier bestehen zudem gewaltige Unsicherheiten in der Frage der tatsächlichen Anwendung.

Auch das Thema „Kreditklemme" wird von Seiten der Politik wie der Wirtschaftsverbände immer wieder aufgeworfen. In dem Maße, wie Banken staatliche Hilfe zuteil wurde, wächst natürlich die Begehrlichkeit in der Wirtschaft. Im Beisein des Bundeswirtschaftsministers und des Bundesfinanzministers wurde hier auf Ebene des DIHK mit allen großen Wirtschafts- und Bankenverbänden beratschlagt, wie dieses Thema rational angegangen werden kann. Es ist außerordentlich zu begrüßen, wie die Deutsche Bundesbank an dieser Stelle mittels einer Bankenbefragung und mithilfe der eigenen Statistiken einen Beitrag zur Objektivierung der Diskussion geleistet hat. In der Studie wurde im Übrigen herausgearbeitet, dass es aktuell keine Kreditklemme gibt und vor allem, dass für den Rest dieses Jahres und für nächstes Jahr auch keine Kreditklemme zu befürchten ist. Sehr wohl gibt es einzelne Wirtschaftsbereiche, in denen der Zugang zu Krediten erschwert ist. Und ohne Frage gibt es Bonitätsprobleme bei einzelnen Unternehmen. Aber bei all dem darf nicht vergessen werden, dass die Finanzmarktkrise in den USA ja gerade in einer mangelhaften Kreditvergabe ihren Anfang genommen hat. Die eigentliche Ursache der Finanzkrise, natürlich verstärkt durch die Problematik der Verbriefungen, liegt in einem Bankgeschäft, das nicht nach konservativen Regeln und den Erfahrungen der Vergangenheit praktiziert wurde. Vor diesem Hintergrund war es selbst in Wahlkampfzeiten geradezu fahrlässig, von den Banken eine höhere Kreditvergabebereitschaft zu fordern oder sogar Pläne zu schmieden, nach denen die Bundesbank oder die KfW direkte Kredite vergeben sollten. Erfreulicherweise hat man sich zwischenzeitlich aus der Politik dazu bekannt, das Hausbankprinzip aufrecht zu erhalten und sich auch auf die Risikoeinschätzungen der Ortsbanken zu verlassen.

Natürlich stellt sich in Zeiten wie dieser die Frage nach einer optimalen Regulierung in Aufsichtsfragen sei es auf nationaler, sei es auf europäischer oder internationaler Ebene. Ob man die Finanzaufsicht in einer oder wie bisher in zwei Institutionen, Bundesbank und BaFin, organisiert, ist allerdings eine Scheindiskussion, die die wahren Probleme überdeckt. Ebenso wenig scheint die aktuelle Diskussion über eine „Mutter-Aufsichtsbehörde" auf EU-Ebene weiterzuhelfen. Was wir wirklich benötigen, ist – wie bei den MaRisk auch – eine tatsächlich risikoorientierte Vorgehensweise der Bankenaufsicht. Nicht „mehr Aufsicht", sondern „bessere Aufsicht" ist das Gebot der Stunde. Und dabei muss sich die BaFin auch die Frage gefallen lassen, mit welcher Akribie die Sparkassen und Genossenschaftsbanken einerseits und die großen, systemrelevanten Geschäftsbanken mit ihren komplexen Strukturen andererseits geprüft und beaufsichtigt werden. Auch hier benötigen wir eine geschäftsmodellbezogene Antwort, und auch hier müssen die G20-Beschlüsse auch im Hinblick auf die mit den jeweiligen Geschäftsmodellen verbundenen Risiken aufwandsbezogen umgesetzt werden.

IV. Antworten der genossenschaftlichen Bankengruppe – stabile Partner in der Region

Die Frage stellt sich, wie die genossenschaftliche Bankengruppe und hier insbesondere der BVR mit der Herausforderung umgehen, den FinanzVerbund zielorientiert zu steuern und weiterzuentwickeln. Dazu hat der BVR ein Medium namens „Kompass", das aktuell das dritte Mal als „Kompass 2010" erscheint. Der Kompass soll einerseits eine quantitative Sicht auf das Jahr 2010 bereitstellen, de facto also eine Geschäftsfeldrechnung heruntergebrochen auf das einzelne Institut. Daneben werden qualitative Angebote in Form von Projekten, Initiativen und Maßnahmen des BVR aufgezeigt. Neu im aktuellen Kompass ist, dass der BVR – im Bewusstsein, es mit rund 1.200 selbstbewussten und eigenständigen Unternehmen zu tun zu haben – ein „Zielbild" für die Volksbanken und Raiffeisenbanken aufgezeichnet hat. Es enthält die sehr eindeutige Positionierung zur Rechtsform der Genossenschaft und zur Frage der Mitgliedschaft und versuchen eben nicht, die „bessere" Privatbank oder Sparkasse zu werden, oder diejenige, die das intelligenteste Treasury betreibt.

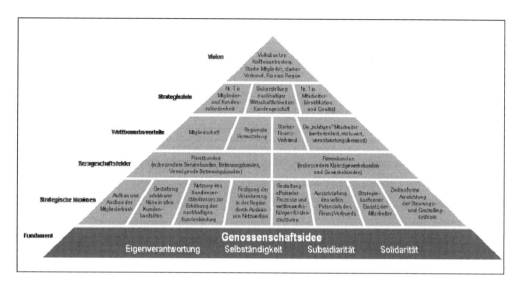

Abbildung 14:   Geschäftsmodell der Volks- und Raiffeisenbanken

Das Bekennen zu den Wurzeln, zur eigenen Herkunft, ist das alles Entscheidende für den Erfolg der Gruppe auch in Zukunft – übrigens auch in den Ballungsräumen. Sie muss sich über ihr Geschäftsmodell und die darunter liegenden Glaubenssätze differenzieren und muss das auch überzeugend leben. Deshalb steht bei den Kerngeschäftsfeldern bewusst nicht das Thema „Private Banking" — auch wenn es möglicherweise in Kürze eine große Private-Banking-Initiative des Verbundes geben wird, in der gemeinsam mit den Zentralbanken dieses ohne Frage interessante Geschäftsfeld für unseren Verbund noch besser erschlossen werden soll. Aber es steht nicht im Kern der Bemühungen der Ortsbanken. Diese müssen stark sein im Privat- und im Firmenkundengeschäft. Und wenn sie das sein wollen, müssen sie bestimmte strategische Maximen berücksichtigen und darunter auch entsprechende Projekte umsetzen.

Im Kompass 2010 werden diesbezüglich einige konkrete Maßnahmen besonders herausgestellt: 1. Das Thema Vertriebskultur unter genossenschaftlichen Aspekten. Es muss sichergestellt werden, dass die Volksbanken und Raiffeisenbanken eben nicht als die Bankengruppe mit einer besonders rüden Vertriebsstrategie wahrgenommen werden, sondern einen anderen Ansatz wählen. 2. Potenzialausschöpfung. Im Verbund existieren über 30 Millionen Kundenbeziehungen, aber mit den wenigsten dieser 30 Millionen Kunden wird aktiv Geschäft gemacht. Deswegen war die Gruppe in der Vergangenheit auch dankbares Opfer für Wettbewerber wie Direktbanken und Strukturvertriebe. Und deshalb ist es besonders wichtig, dass die Banken vor Ort die Hilfsmittel in Anspruch nehmen, die beispielsweise zur Potenzialanalyse auf IT-Ebene bereitgestellt werden. 3. Produktion. Es ist eine der Überlebensfragen für die Unabhängigkeit der Ortsbank, dass sie wettbewerbsfähig produzieren kann. Wenn ihr das nicht gelingt, muss sie dies über Drittgesellschaften sicherstellen. Damit verbunden ist das Thema Kosten- und Prozessoptimierung. Die genossenschaftliche Finanzgruppe beschäftigt etwa 188.000 Menschen. Und da sie an ihren Grundüberzeugungen glaubt, wird sie auch in Zukunft nicht als „Jobkiller" auftreten oder mit betriebsbedingten Kündigungen aufwarten. Sehr wohl aber wird sie sich mit einem sozial verträglichen Personalabbau auseinander setzen müssen, wenn sie die Entwicklung, die sich in der Analyse der Margen und der Erträge andeutet, für die Zukunft ernst nimmt. Dies kann allerdings nur im nachhaltigen Bewusstsein der sozialen Verantwortung jeder einzelnen Bank aber auch des BVR und der Tarifpartner erfolgen.

Neben dem Kompass als Orientierungsrahmen für die operative Arbeit der Banken vor Ort steht als Antwort auf die Finanzkrise auch die Weiterentwicklung der Sicherungseinrichtung des BVR. Aktuell ist der Handelsblatt-Business-Monitor veröffentlicht worden, der die Haltung bestätigt, die genossenschaftliche Selbsthilfe einem Gang zum SoFFin vorzuziehen. Diejenigen Unternehmer, die den Kreditgenossenschaften hier im Vergleich zu den Wettbewerbern ein gutes Zeugnis ausstellen, sagen sehr deutlich: „Wer sich wie ein Unternehmer verhält, verdient auch Vertrauen". Das verleiht dem Verbund im Firmenkundengeschäft zusätzliche Akzeptanz und führt letztlich zur Aussage, dass das Image der Genossenschaftsbanken in der Krise nicht nur stabil geblieben ist, sondern sich in Teilen sogar verbessert hat.

Ähnliches gilt für das Thema „Kredithürde". Hier muss man klar zwischen Unternehmenstypen unterscheiden. Diejenigen Unternehmen, die sich über die Kapitalmärkte refinanzieren, haben die große Krise augenscheinlich hinter sich. Die größeren Unternehmen aber, die nicht kapitalmarktfähig sind, stehen in der Tat vor Problemen, insbesondere wenn es um langfristige Finanzierungen geht. Die kleinen und mittleren Unternehmen scheinen dagegen derzeit leichter an Kredite zu kommen. Und das liegt daran, dass die mittelständischen Firmen in der Regel über belastbare Hausbankbeziehungen zu Sparkassen oder Genossenschaftsbanken verfügen, die weiterhin zuverlässig ihre Rolle wahrnehmen. Dies lässt sich auch statistisch sauber untermauern.

Eine wesentliche Erkenntnis der letzten Monate besteht darin, dass die Finanzkrise sehr deutlich aufgezeigt hat, wer ein funktionierendes Geschäftsmodell besitzt, und wer nicht. Die Volksbanken und Raiffeisenbanken sind mittelständische, private und regional verwurzelte Banken, die auf Nachhaltigkeit und Partnerschaft im Bankgeschäft setzen. Diese Geschäftshaltung hat die Genossenschaftsbanken und ihre Kunden bisher sicher durch die Krise gebracht. Dennoch stehen auch für die Genossenschaftsbanken schwere Zeiten bevor im Hinblick auf den Wettbewerb und die äußeren Rahmenbedingungen.

Grundsätzlich gilt die Regel: Wenn die Gruppe handlungsfähig bleiben will, muss sie solidarisch sein. Und wenn sie gemeinsam die Themen richtig anpackt, muss sie sich um die gemeinsame Zukunft keine Sorgen machen.

european
center
for financial
services

www.ecfs.de

Ziele

Intensivierung und Qualitätssteigerung der universitären Forschung und Bildung im Bereich der Finanzwirtschaft

Schaffung von praktischem Nutzen durch enge Verzahnung von Wissenschaft und Praxis

Internationale Anerkennung als Competence Center und „Think Tank" für bank- und finanzwirtschaftliche Fragen

Aufgaben

Praxisrelevante und auf aktuelle Probleme ausgerichtete Forschung

Erstellung von Expertisen

Wissensmanagement/Intermediation (Experten-Netzwerk, Information, Kommunikation)

	Präsidium
Werner Böhnke	Präsident
	Direktorium
Prof. Dr. Bernd Rolfes	Direktor
Prof. Dr. Rainer Elschen	Direktor
Prof. Dr. Stephan Schüller	Direktor

Das ecfs dient als Forum für seine Mitgliedsinstitute – aber auch für Gäste – auf Symposien und Workshops über aktuelle Problembereiche und Fragestellungen zu diskutieren und fördert den Erfahrungsaustausch zwischen den verschiedenen Bereichen der Finanzdienstleistungsbranche.

Printed by Publishers' Graphics LLC USA
SO20120323-068
2012